GOLF GAMES
Die Zockerfibel für Golfer

Klaus Werner

Impressum

Herausgeber und Verlag:	Albrecht Golf Verlag GmbH, Freihamer Straße 2, D-82166 Gräfelfing Telefon (0 89) 8 58 53-531 Telefax (0 89) 8 58 53-197 E-mail golf@albrecht.de http://www.golf.de http://www.golffuehrer.de
Grafik und Satz:	Liebl Satz+Grafik, Emmering
Druck:	Sellier Druck GmbH, Freising
Herausgegeben:	Mai 2003, 1. Auflage
Autor:	Klaus Werner
Illustrationen:	Lo Linkert, Kanada Ingo Stein, München Bernhard Förth
Copyright:	Albrecht Golf Verlag GmbH, 2003. Alle Rechte vorbehalten. Das Werk einschließlich all seiner Teile ist urheberrechtlich geschützt. Jede Verwertung außerhalb der engen Grenzen des Urheberrechtsgesetzes ist ohne Zustimmung des Verlages unzulässig und strafbar. Das gilt insbesondere für Vervielfältigungen, Übersetzungen sowie die Einspeicherung und Verarbeitung in elektronischen Systemen.

ISBN 3-87014-153-0

Inhalt

Gliederung nach Anzahl der Spieler 6

Vorwort. 9

Über das Zocken und golferische Subkultur 11

Allgemeiner Teil 17

Währungsprobleme 17
Etikette 21
Wert einer Einheit. 24
Das Handicap 30
Stableford/Zählwettspiel 36
Gruppen/Partner/Single. 38
Carry Over I 40
Carry Over II 41
Press. 42
– Ausgehandelter Press
– Automatischer Press
– mit Option
– mit abweichenden Bedingungen
– Texas-Press
– Venture-Press
Nassau 45

Besonderer Teil 48

Auf der Schaukel 48
Bestball – Aggregat 50
Bestball – Schlechtestball 51
Bestball – Schlechtestball – Aggregat 52
Bestball – Schlechtestball – Aggregat –
   St. Dionys Variante 53
Bestbälle (Gruppen für vier oder
   mehr Teilnehmer) 54
Bingo Bango Bongo 56
Bridge 58
Contra – Prager Variante 61
Daytona 62
Double oder Contra 64
Dreier-Bridge 66
Fairways und Greens 69
Florida Scramble 71
Honey Pot 73
Kaninchen I 75
Kaninchen II 76
Kicker/Do it again 78
Kilometer-Wette 80
Klassischer Vierer – Matchplay 81
Kopenhagener 82
Sechs – Sechs – Sechs I 84
Sechs – Sechs – Sechs II 86
Skins 87
Sunningdale 89
Sweepstakes 90

Up and down 94
Vierball Bestball 96
Whiskey Golf 98
Zwei gegen Einen 100

Extrapunkte und side games 101

Birdie-Birdie-Bogey 104
Brutto Birdie 105
Coffeeball (last in) 106
Drei zu zwei 107
Ferret 109
Greenie 110
Nessie 111
Progressive Birdie 112
Sandy 113
Shorty 114
Snake 116
Ursula (Iris) 118
Walk Walk 119
Yips 120

Stichwortverzeichnis 121

Gliederung nach Anzahl der Spieler

Spiele zu zweit
Contra
Contra: Prager Variante
Do it again
Kicker
Nassau
Scrambler's Delight (Up and down)
Sunningdale
Walk-Walk
Up and down

Spiele zu dritt
Auf der Schaukel
Dreier-Bridge
Do it again
Kaninchen I
Kaninchen II
Kopenhagener
Skins
Snake
Zwei gegen Einen (Defender)

Spiele zu viert
Auf der Schaukel
Bestball – Aggregat
Bestball – Schlechtestball
Bestball – Schlechtestball – Aggregat

Bestball – Schlechtestball – Aggregat – St. Dionys Variante

Bestbälle (Gruppen für vier oder mehr Teilnehmer)
Bingo Bango Bongo
Bridge
Contra – Prager Variante
Daytona
Double oder Contra
Fairways und Greens
Kaninchen I
Kaninchen II
Kicker/Do it again
Kilometer-Wette
Klassischer Vierer – Matchplay
Kopenhagener
Sechs – Sechs – Sechs I
Sechs – Sechs – Sechs II
Skins
Sunningdale
Up and down
Vierball Bestball

Spiele für Gruppen (mehr als 4 Teilnehmer)
Bestbälle
2 Bestbälle/Foursome
Florida Scramble
Foursome Bestball
Honey Pot
Kicker

Skins I
Skins II
Skins III
Sweepstakes
Twosome Bestball
Whiskey Golf

Extrapunkte (side games, extra bets, call bet)
Birdie-Birdie-Bogey
Brutto Birdie
Coffeeball (last in)
Drei zu zwei
Fairways and Greens
Ferret
Greenie
Nessie
Sandy
Shorty
Snake
Ursula (Iris)
Walk Walk
Yips

Vorwort

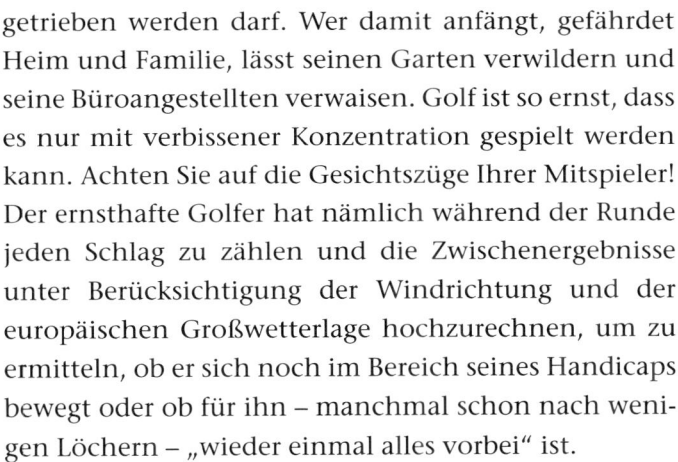

Golf ist nicht das Leben. Es ist mehr. Es ist eine todernste Sache, mit der kein Schindluder getrieben werden darf. Wer damit anfängt, gefährdet Heim und Familie, lässt seinen Garten verwildern und seine Büroangestellten verwaisen. Golf ist so ernst, dass es nur mit verbissener Konzentration gespielt werden kann. Achten Sie auf die Gesichtszüge Ihrer Mitspieler! Der ernsthafte Golfer hat nämlich während der Runde jeden Schlag zu zählen und die Zwischenergebnisse unter Berücksichtigung der Windrichtung und der europäischen Großwetterlage hochzurechnen, um zu ermitteln, ob er sich noch im Bereich seines Handicaps bewegt oder ob für ihn – manchmal schon nach wenigen Löchern – „wieder einmal alles vorbei" ist.

Das belastet.

Lockere, gutgelaunte und fröhlich dreinsehende Golfer sind daher so selten wie zweiköpfige Hunde und werden als Launen der Natur bei einschlägigen forensisch-psychiatrischen Vorlesungen bestaunt.

Die Züge des erfahrenen und ernsthaften Golfers sind von den Muskelpartien geprägt, die für spannungsvolle Erwartung, Panik und Verzweiflung zuständig sind. Das Spiel dieser Muskeln wird häufig überlagert von jenen glättenden Gesichtspartien, die ein sogenanntes „Pokerface" erzeugen, welches darüber hinwegtäuschen soll, dass sich Körper und Geist des Golfers in stetem Aufruhr befinden.

Es bedarf jahrelanger Erfahrung und beinharter Disziplin, sich von all dem zu lösen und Golf als Spiel wiederzuentdecken. Sie sind schon auf der richtigen Spur, wenn Sie dieses Büchlein lesen:

Es befasst sich nur am Rande mit den offiziellen Regeln des Royal & Ancient, will also kein Regelbuch ersetzen. Regelkenntnisse werden aber vorausgesetzt.

Indessen enthält es Anleitungen für überlieferte offizielle und inoffizielle Spiele, die Spaß bringen sollen, und zwar nicht nur für jedes Wetter, sondern auch bei jedem Wetter.

Weg von der Technik, hin zum Spiel. Wer es lustig haben will, muss sich von technischen Tricks und von Congu-Arithmetik lösen. Golf ist nicht Arbeit. Es ist mehr.

ÜBER DAS ZOCKEN UND GOLFERISCHE SUBKULTUR

Hand aufs Herz: Haben Sie's noch nie getan? Keine Angst: Ihre Antwort wird weder persönlich noch statistisch verwertet, gespeichert oder gar dem nationalen Golfverband übermittelt, der über Ihre Tugendhaftigkeit als Amateur zu wachen hat.

ZU IHRER BERUHIGUNG:
NICHT NUR AMATEURE TUN'S, DIE PROFIS KÖNNEN'S ERST RECHT NICHT LASSEN.

Kennen Sie den feinen Unterschied zwischen Profis, die für Geld spielen, und Amateuren, die um Geld spielen? Ich habe es auch nicht gleich verstanden; man muss wohl  juristische Weihen empfangen haben, um die von einer starken Zocker-Lobby verbreitete und von Amateurverbänden übernommene Argumentation zu verstehen: Das Geheimnis scheint im Begriff der „Gegenleistung" zu liegen; der Profi will für sein Spiel entlohnt werden, also spielt er „für" (oder „gegen"?) Geld. Ganz anders aber der zockende Amateur: Wenn er nach einer guten oder glücklichen Runde den Jackpot einstreicht, bekommt er keine Gegenleistung für sein Spiel, sondern „nur" das Resultat einer Wette. Pecunia non olet. Er spielt also nicht für oder gegen Geld, sondern riskiert einen (selbst erbrachten) Einsatz – während er gleichzeitig eine oder mehrere Golfrunden absolviert – und bekommt dann entweder nichts oder seinen Gewinn.

Bei den Amateuren wird hier offenbar eine Art Glückszufall fingiert. Bei den Profis soll angeblich nicht das Glück, sondern das Können den Ausschlag geben.

Bis ich hinter diese feinen Unterscheidungen gekommen war, hatte ich eine recht einfache (aber eben zu plumpe) Formel gehabt: Der Profi golft, um zu leben, der Amateur lebt, um zu golfen.

Was würden die Wächter der Amateurgolfermoral zu einem Zocker sagen, der so geschickt wettet (aber auch gut genug spielt), dass er ausschließlich davon leben könnte? Man sagt, dass sich in den schottischen Highlands ein solches Wesen herumtreibt und arglose Golfpilger „mit einer kleinen Wette" (no hard betting) ausbeutet. Meldungen über das Auftauchen solcher Spezies an den Bars größerer Golfhotels in allen anderen Teilen der Welt liegen – wenn auch unbestätigt – ebenfalls vor. Wenn Sie einen treffen: Locker bleiben, auf Gegenangriff gehen, selbst als erster eine Wette anbieten und ruhig durchatmen. Suchen Sie sich mit dem Sprungbein einen guten Stand, halten Sie darauf die Balance, sichern Sie mit dem Spielbein ab (am besten eignet sich dazu – falls vorhanden – eine Fußlei-

ste oder Stange unter dem Bartresen), führen Sie eine Hand (als Rechtshänder die linke, als Linkshänder die rechte) möglichst auffällig in die Außentasche Ihres Blazers, und lassen Sie dort die für diesen Fall vorbereiteten Münzen klimpern; wirkungsvoll unterstreichen können Sie diese Aktion mit einer angedeuteten Schulterdrehung (Rückschwung) und einem zarten Turnover der Spielhand. Bitte verhalten Sie sich dabei aber wie ein guter Golfer: Übertreiben Sie nichts, sonst wird es Ihnen nicht gelingen, den Abzocker zu verscheuchen.
Auf einer spürbar niedrigeren Evolutionsstufe angesiedelt ist der ganz gewöhnliche Wetter oder gemeine Clubzocker. Alle signifikanten Merkmale des Zockers sind zwar vorhanden, erweisen sich aber eher als rudimentär: Dies gilt für Schwung und Technik, für Taktik und Regelkunde und vor allen Dingen auch für Wettkenntnisse und Zockererfahrung.

Man glaubt es kaum:

Neuere Umfragen und statistische Erhebungen zeigen, dass nur jeder zehnte Golfer mehr als 3 Wettvarianten, nur jeder siebzehnte mehr als 6 Wettvarianten und nur jeder neunundzwanzigste rund 14 solcher Varianten kennt oder beherrscht.
Berücksichtigt man den Variantenreichtum des Golfsports (unzählige Schlagvarianten und Entgleisungen stehen einer Unzahl glücklicher oder unglücklicher Zufälle gegenüber), sind diese statistischen Werte nur

zu bedauern. Aufklärung tut not (daher auch dieses Buch).

Dass jeder zweite Golfer mit einer gewissen Regelmäßigkeit wenigstens um Drinks, nicht selten um Geld spielt, wird von der sonst um kein Thema verlegenen Fachliteratur ignoriert. Außer einigen lieblosen Kommentaren nach dem Motto „Lasst doch die Zocker leben, sie beißen nicht", sind kaum Veröffentlichungen zu diesem Thema festzustellen. Ein wohlmeinender Kommentar ist mir allerdings in guter Erinnerung: Ich glaube, dass Peter Dobereiner sich recht positiv über bestimmte Spielvarianten ausgesprochen und betont hat, dass „diese dummen Spiele" (those silly games) dazu beitragen, Golftechnik und Score zu verbessern. Für die Bruttopreise nicht gut genug, für die Nettopreise im Handicap zu niedrig, tritt der gemeine Clubzocker mit größtem Vergnügen und gespannten Erwartungen trotzdem bei fast jedem Turnier an. Warum wohl?

Ganz einfach: Wenn schon kein Preis drin ist, laufen wenigstens ein paar Wetten mit.

DAS IST DIE GOLFERISCHE SUBKULTUR.

Ein an Tradition so reiches Spiel eröffnet manche Freiräume. Wo Licht ist, ist auch Schatten. Kultur und Subkultur leben voneinander und miteinander, manchmal ineinander. Oft weiß man nicht, wo oben oder unten, Licht oder Schatten ist. Manchmal kommt mir der (ketzerische?) Gedanke, dass Congu-Turniere die Perversionen dessen sind, was von der golferischen Subkultur gepflegt und hochgehalten wird: Golf als Spiel und Gegenstand gepflegter Wetten.

Hinweg ihr schaurigen Gedanken! Hin zu den Quellen:

Viele Regeln für Spiel- und Wettvarianten sind nur überliefert und tauchen mit unterschiedlichen Bezeichnungen und diversen Abweichungen auf. Andere sind ganz offiziell in den nationalen Verbandsregeln aufgeführt. Vorbildlich hier (wie in so vielen Bereichen gesetzgeberischer Anstrengungen) die deutsche Golf-Legislatur: Die „Spiel- und Wettspiel-Ordnung des Deutschen Golfverbandes" (SWSOdDGV) ist ein Gesetzeswerk und Normengeflecht (unter Einarbeitung diverser Tabellen), welches kaum noch erkennen lässt, dass es hier um ein Spiel geht. Mit Worten lässt sich trefflich streiten, mit Worten ein System bereiten …

Ärgern Sie sich nicht, wenn Sie in diesem Buch nicht ähnlich komplizierte Erklärungen finden. Ich gebe zu, dass dies eine Schwäche ist, nehme sie aber bewusst und zugleich ohnmächtig in Kauf. Wenn Sie etwas vermissen oder anders in Erinnerung haben, schreiben Sie dem Verlag oder mir. Eine Antwort ist Ihnen sicher.

ALLGEMEINER TEIL

Auf den folgenden Seiten sind allgemeine „Regeln"
behandelt, die bei allen Spielarten des „Besonderen
Teils" zum Einsatz kommen können.

WÄHRUNGS-PROBLEME

Es ist schon einige Jahre her, dass ich an einem wunderbaren Frühsommermorgen (Luft und Rasen waren wie Seide und Samt, die Natur rief „Fore!") in einem süddeutschen Clubhaus am Rande der Alpen meiner Startzeit entgegenfieberte, dabei rätselhafte Vorgänge beobachtete und ganz und gar unverständliche Begriffe aufschnappen musste: Es war ein ständiges Kommen und Gehen (jeder suchte offenbar jeden); traf man sich auf dem Gang oder zwischen Puttinggreen und Drivingrange, geschah es nicht selten, dass einer, was ohnehin unanständig ist, mit dem ausgestreckten Zeigefinger auf den anderen deutete, der andere aber nickte und etwas sagte, was wie „Lui" klang. Dies wiederum wurde mit einem Nicken quittiert; zu guter

Letzt tauschte man dann noch ein intimes und wissendes Schmunzeln aus.

Ich war angesichts solcher Turniervorbereitungen einigermaßen fassungslos und konnte mir überhaupt keinen Vers darauf machen.

Ich suchte ein freundlich und vertrauenerweckend wirkendes Clubmitglied und fragte, was sich hinter solchen Gebärden verstecke, insbesondere was das geheimnisvolle Losungswort „Lui" bedeute. Der so gutmütig und freundlich aussehende jüngere Mann reagierte mit Abscheu und Geringschätzung auf diese naive Frage des tumben Toren kurz angebunden: „Louis ist ein Zwanzigmarkschein!" Dann wandte er sich abrupt von mir, um einem gerade durch den Gang huschenden Mitspieler mit dem Zeigefinger ins Gesicht zu deuten und „Lui" zu fragen, was dieser mit verklärtem Nicken quittierte.

Nach dem Turnier wusste ich etwas besser Bescheid: Meine hartnäckigen Fragen förderten die mühevoll kaschierte Wahrheit zutage. Man hatte „Skins" am 18. Loch ausgesetzt, Einsatz pro Spieler: ein Zwanzigmarkschein.

Das undurchsichtige Treiben der Turnierteilnehmer machte Sinn: Um keine Missverständnisse aufkommen zu lassen, einigte man sich vorher über Art und Güte der bei dieser Wette zu setzenden und zu gewinnenden Gegenstände. Diese einfache Grundregel, vor Spielbeginn eine Währungsabstimmung oder auch Währungsabgleichung durchzuführen, wird keineswegs immer befolgt, meist sogar sträflich vernachlässigt, so dass mancher Gewinn bei Erledigung der Auszahlungsmodalitäten einen recht herben Beigeschmack erhält. Ich selbst spiele seit vielen Jahren gegen einen sonst in jeder Hinsicht korrekten und fairen Freund, mal ein Nassau, mal ein einfaches klassisches Matchplay, mitunter auch ein Stableford mit diversen Zusatzpunkten. Was wir spielen, ist der augenblicklichen Eingebung und Laune vorbehalten, nicht aber das, worum wir spielen: Wenn nichts anderes vereinbart ist, spielen wir um Golfbälle. Bis heute – also in den letzten 12 Jahren – war nie etwas anderes vereinbart worden. Aber: Wenn einfach nur „um Bälle" gespielt wird, ist es seit jeher Gesetz, dass neue Bälle an den Gewinner herauszugeben sind. Hier taucht aber gleich das Problem auf: Wenn ich gewinne, erhalte ich zwar neue und originalverpackte Bälle. Diese Bälle sind aber außer für Wetten kaum noch verwendbar, weil sie sich mindestens ebensolange in diversen Golfbags befinden, wie unsere Wetten andauern, also seit mindestens 12 Jahren. Ich glaube sogar, dass die immer noch originalverpackten „Wettbälle" die längst nicht mehr hoffähige britische Größe haben. Ich glaube dies aber nur und weiß es deshalb nicht, weil ich einen solchen gewonnenen Ball noch nie ausgepackt habe, ebenfalls aus einem einleuchtenden und einfachen Grund: Meine Verluste zahle ich besagtem Freund mit gleicher Münze heim. Ich gebe einfach die originalverpackten, früher einmal gewonnenen Bälle (ein ständiges Reservoir befindet sich in meiner Golftasche) zurück, übrigens in der sicheren Erwartung, sie bei nächster Gelegenheit wiederzubekommen. Hin und wieder kommt es vor, dass mehr gewonnene Bälle auszugleichen als (in besagtem Zustand) vorhanden sind. In diesem Fall – auch dies ist inzwischen gewohnheitsrechtlich verankert – schreiben wir wechselseitig an, so dass nur ein buchmäßiger Ausgleich erfolgt. Aus diesem Beispiel lernen wir, dass die Währung vorher möglichst exakt und ohne klaffende Schlupflöcher festgelegt werden muss. Man kann um alles spielen um Bälle, Münzen, die Hand einer jungen und reichen Witwe, um Haus und Hof (um nur einige Beispiele zu nennen). Ich empfehle aber dringend, vorher die Gegenstände genauestens festzulegen und auf der Score-Karte zu notieren.

Wer nur um einen „Fünfer" spielt, lässt offen, ob es sich um 5 Dollar oder um 5 Peseten handelt. Manche Verlierer nützen dies in geradezu schamloser Weise aus.

Auf die Etikette soll man sich nämlich nicht immer verlassen.

Oder doch?

ETIKETTE

Viele Nicht-Golfer und manche – zu kurz gekommene – Golfer behaupten, Golf sei kein Sport. Das kommt auf die Definition an: Wer Sport als schweißtreibende Tätigkeit definiert, hat aus seiner Sicht recht, wenn er Golf als Spiel bezeichnet oder es als sportliches Spiel gerade noch durchgehen lässt.

Wer unter Sport die körperliche Betätigung unter Beachtung strenger Regeln und unter Einhaltung körperlicher und geistiger Selbstdisziplin versteht, für den ist eines klar: Golf ist der Sport schlechthin. Dem Weniger an Kraft und Schweiß steht ein Mehr an geistiger und körperlicher Disziplin gegenüber. Bei keiner anderen Sportart gibt es neben den eigentlichen Regeln auch noch „Über-Regeln", nämlich die heiligen Traditionen der Etikette, des Benimms, der Fairness und Diskretion.

Wer Wett-Spiele macht, möge sich bitte an all diese ungeschriebenen Regeln halten.

Niemand soll als Spielverderber gelten, der eine auch noch so harmlose Wette abschlägt. Man kommt auch ganz „normal" über die Runde.

Wenn gewettet wird, dann bitte maßvoll und diskret. Es hat nichts mit dem Amateurstatus zu tun, sondern mit der golferischen Selbstdisziplin und der Fairness und Diskretion, der sich alle echten Golfer freiwillig beugen.

Es ist nicht nur unfein, sondern etikettewidrig, vor oder nach einem Spiel mit Geldscheinen herumzuwedeln. Wo Zockerkönige Hof halten, machen richtige Golfer einen weiten Bogen. Wo Schicki und Micki sich guten Tag sagen und Mr. Neureich das Wort führt, sind kaum noch Golfer anzutreffen. Dort ist etwas anderes im Spiel.

Wir sollten die wohlgefällige Selbstdarstellung den VIP-Kolumnen einschlägiger Golfmagazine überlassen und dem Spaß am Spiel noch dadurch Würze geben, dass wir bescheiden bleiben, auf dem Platz, im Clubhaus und beim Abwickeln der Wetten.

Ernst ist das Leben und heiter die Kunst. Und Golf – auch als Sport betrieben – hat ja doch wohl mit beidem zu tun. Es ist ein Ausdruck demütiger Lebenskunst.

Also: Alles in Maßen, nichts übertreiben. Das gilt nicht nur für die Bewegungsabläufe beim Schwung, sondern auch für die Höhe der Einheiten. Mag auch der Amateurstatus bei hohen Wetten nicht gerade gefährdet sein, verlangt die Honorigkeit aber doch maßvolle Selbstbescheidung.

Wer sich – aktiv oder passiv – auf hohe Wetten einlässt, gerät schnell in einen unangenehmen Verdacht. Es würde ausreichen, nur um Punkte zu „zocken". Weder der Spannung noch der Freude am Spiel würde dadurch Abbruch getan werden.

An dieser Stelle ein Appell an die Jugendlichen, den in dieses Büchlein einzubauen ich meinem Freund Johnny Anderson (langjähriger Trainer der schwedischen Nationalmannschaft) versprechen musste: Überlasst die Wetten um Geld den Erwachsenen, bleibt hart und spielt um die Ehre! Ihr habt dann etwas, um das Euch die zockenden Väter und Mütter beneiden und das mit Geld nicht aufzuwiegen ist.

WERT EINER EINHEIT (EINES PUNKTES)

Alle in diesem Buch beschriebenen Spiele unterstellen, dass um etwas gespielt wird. Auch wenn ich mich wiederhole: „Etwas" kann auch die Ehre, ein warmer Händedruck oder ein Danke für das Match sein. Es muss nicht unbedingt um Drinks oder um Geld gespielt werden. Allerdings: Eine Münze oder Banknote hat einen unvergleichlich höheren Wert, wenn sie nicht durch Arbeit „redlich" erworben, sondern beim Golfen gewonnen wird. Gespielt wird grundsätzlich um Einheiten...

Spielt man um einzelne Punkte (wie bei den „Bids oder bei Bingo Bango Bongo) wird man die pro Punkt zu vergebende Werteinheit niedriger ansetzen als bei einem Matchplay über 18 Löcher. Bei letzterem steht nur eine „Einheit" auf dem Spiel, während bei einer Vielzahl von Bids oder Specials ein beträchtlicher Topf gemixt aus einer Vielzahl von „Einheiten" zusammenkommen kann. Wer Chicago um 2 Euro pro Punkt spielt, sollte vorsichtshalber ein Scheckbuch mitnehmen. Gute und schlechte Erfahrungen werden hier sicher langfristig zu ausgewogenen „Stakes" führen (so werden die Einheiten in der Muttersprache des Golfspiels genannt).

In meinem zweiten Golfjahr (damals Handicap 19) machte ich selbst eine solche Erfahrung. Nach einem Turnier wurde ich von sehr nett aussehenden Jungs aufgefordert noch 9 Löcher zu spielen. Ich war gerade in Hochstimmung (herrlicher Sommertag, mit einem

Bogey am 18. Loch noch das Handicap gespielt) und erklärte, mir sei alles recht, wenn nur nicht zu hoch gewettet würde. „Zwei Euro pro Punkt?" – Gerne war ich damit einverstanden und hörte nur mit halbem Ohr hin, als die Jungs vor dem ersten Abschlag mit unverständlichen Formeln die Wettkonventionen aushandelten. Auch wenn ich mit ganzem Ohr gelauscht hätte, hätte ich nichts verstanden. Sie redeten wie Makler an der Börse. Ich schnappte noch etwas von „Double-Carryover" und „Automatischer Press nach 2 Down" auf, maß dem aber keine Bedeutung bei. Mit einem Handicap-2-Mann zusammengelost, spielte ich recht locker (das Turnier war ja vorbei) vor mich hin. Am Ende der vereinbarten (auf 9 Löcher abgekürzten) Runde lag ich 2 über Par, natürlich auch mit viel Glück. Was sich zwischenzeitlich im Clubhaus zutrug, konnte ich nicht wissen: Meine Frau, die ich im Übereifer aus den Augen verloren hatte, erkundigte sich verzweifelt nach meinem Verbleib. Was sie erfuhr, ließ sie nicht nur erbleichen, sondern auch gleich einen doppelten Drink bestellen. Irgend jemand hatte ihr gesagt, ich wäre den übelsten Zockern weit und breit in die Hände gefallen, und vorsichtig nachgefragt, ob ich mein Scheckbuch bei mir hätte.

Nach unserer Runde setzte ich mich entspannt auf die Terrasse und fragte den Scoreholder unseres Flights, der mürrisch mit den auf der Score-Karte notierten Resulta-

ten kämpfte, von wem ich denn meine 2 Euro bekommen würde. Ich war der Überzeugung, gewonnen zu haben.
Als Antwort gewährte er mir ein etikettewidriges Grunzen, welches gut zu seinem gequälten Lächeln passte. Es dauerte noch eine Weile, dann erfuhr ich:
„Du und Dein Partner bekommen von uns je 54 Euro für das Team."
Ungläubig kassierte ich, dann kam es aber noch dicker:
„Für die Singles und Ursulas kriegst Du insgesamt 114 Euro, nämlich 32 Euro von Günter und . . ."
Den Rest hörte ich nicht mehr. Ich war in Ohnmacht gefallen.

HIER EIN KLEINER EXKURS
ZUM THEMA „EINHEITEN":

Die klassisch-moderne Einheit ist ein US-Dollar, in letzter Zeit – wegen des Kursrisikos – auch ein Golfball.
Saftiger waren die wirklich klassischen Wetten in alten Zeiten, wie zum Beispiel jene, die Dobereiner beschreibt (Das Buch vom Golf, Seite 64):„Im ‚Royal Aberdeen Club' war die gängige Einheit für eine Herausforderungspartie eine Gallone Whisky." Heute

noch nachzulesen sind die Einzelheiten solcher Wetten, über die – meist im Vorgriff auf die jeweils folgende Woche – peinlich genau Buch geführt wurde. Aus gutem Grund wird wohl die Buchführung vor dem jeweiligen Wetterereignis und vor allen Dingen vor der Begleichung der Wettschuld erledigt worden sein: Die Begleichung erfolgte naturaliter zum Dinner, eine Gallone hat 3,78 Liter . . .

Einheit für das „streng nach den Golfregeln" ausgetragene Schummel-Match zwischen Goldfinger und Bond war ein Goldbarren bzw. sein Gegenwert (5000 Pfund), eine auch für Goldfinger recht ordentliche Summe. Zwar erhielt Bond seinen Scheck gleich nach dem Match; doch der als Caddie von Goldfinger umfunktionierte Chauffeur und Finsterling mit der scharfkantigen Hutkrempe zeigte Reaktion: Er zerdrückte einen Golfball in der geschlossenen Faust (das hat vor und nach ihm kein menschliches Wesen vermocht).

Major Jackie Gore – Held der klassischen Golferzählung von Robert Marshall „The Haunted Major" – wettete gar auf zwei Ebenen: Mit Gegner Lindsay (the finest player living) hatte er verabredet, dass der Gewinner sich „einer gewissen Dame" als erster würde erklären dürfen. Mit den Zuschauern dieses unheimlichen Matches hatte Lindsay noch 10 000 Pfund gewettet. Die Hand der Dame bekam er zwar nicht, weil sie seinen Antrag zurückwies, aber er kassierte das Geld. (Weil es bei dieser Wette nicht mit rechten Dingen zugegangen war, gründete er mit seinem Gewinn ein Heim für alkoholkranke Caddies.)

So weit – so gut.
Nun zurück auf die Erde:

Wer Spaß am Spiel behalten will, sollte durch die Höhe der Einheiten zum Ausdruck bringen, dass er seinen Lebensunterhalt nicht durch Golf verdienen muss. Legt man eine Mehrfach-Wette auf, sollten die Einheiten geringer angesetzt, jedenfalls aber mit Rücksicht darauf bemessen werden, dass Zusatzpunkte gespielt werden.

Hier ein Beispiel (das Sie jetzt noch nicht ganz verstehen müssen):

Vier Mann spielen

- im Team Nassau um den Bestball und Schlechtestball,
- gleichzeitig aber individuell um Skins,
- um Extrapunkte für Ursula,
- ein Side-Game „Birdie-Birdie-Bogey".

Würde man hier um 2 Euro pro Punkt (also pro Gewinneinheit) spielen, könnte der beste Mann, unterstellt, er würde alle Punkte im Team machen, alle 18 Skins abräumen und außerdem noch zwei Birdie-Birdie-Bogeys erzielen, folgendes vereinnahmen:

Nassau	3 × 2 Euro	6 Euro
Skins	18 × 6 Euro	108 Euro
Ursula	4 × 6 Euro	24 Euro
2 x Birdie-Birdie-Bogey	2 × 6 Euro	12 Euro
		150 Euro

Zur Erklärung: Bei den Extrapunkten (Skins, Ursula und Birdie-Birdie-Bogey) erhält dieser Spieler von jedem seiner Mitspieler jeweils den Wert der Einheit, daher werden ihm auch 6 Euro für die einzelnen Specials gutgebracht.

Diese Rechnung ist natürlich nur theoretisch; ein Spieler, der so punkten würde, wäre reif für das Guinnessbuch der Rekorde, aber . . . man kann nie wissen.

Hätten die vier Spieler noch zusätzlich individuelle Wetten laufen, könnte sich der theoretische Maximalgewinn weiter erhöhen.

Das Beispiel zeigt aber auch, dass Stakes (= Einheiten) ungleichgewichtig sind, was unbedingt ausgeglichen werden muss durch unterschiedlich hohen Ansatz, je nach Seltenheitswert der zu vergebenden Punkte.

In der geschilderten Kombination wird man vielleicht folgende Einheitswerte ansetzen:

Nassau 5 Euro/5 Euro/5 Euro
Skins   2 Euro (pro Gegner u. Loch)
Ursula 3 Euro (pro Gegner u. Loch)
Birdie-Birdie-Bogey   10 Euro (pro Gegner)

Bei den folgenden Beschreibungen einzelner Spielvarianten gebe ich dazu jeweils Hinweise und Empfehlungen, die als Richtschnur dienen, aber niemanden einengen sollen.

DAS HANDICAP

Heftigen Widerstand und Abscheu erfahre ich immer wieder mit dieser Provokation: Ich behaupte, dass die Handicapregelungen Errungenschaften sozialistischer Gleichmacherei sind, bei der die Mehrheit nicht hinnehmen will, dass einige wenige unschlagbar sind und die Gewinne immer unter sich ausmachen.

Wenn ich mich recht erinnere, soll man doch wohl mit möglichst wenigen Schlägen über die Runden kommen. Vom Brutto wird in Amateurkreisen wenig geredet, mehr dafür vom Congu. Vorbei sind die Zeiten, in denen das in einer Sternstunde erspielte Handicap als Gabe und zugleich Strafe der Götter das weitere Kampfgeschehen bestimmte und es nur möglich war, aus Altersgründen (pro Jahr um einen Schlag) heraufgesetzt zu werden. Wurde man mit 30 Jahren auf 8 gesetzt, konnte man auch bei konstanten Runden von über 100 Schlägen davon ausgehen, mit 50 Jahren wenigstens noch auf der bequemeren aber reputierlichen 28 zu stehen.

Heute ist die Lage ganz anders: Man muss seine Turniererfolge nach mathematisch-strategischen Gesichtspunkten vorbereiten (der Einsatz eines Computers könnte nicht schaden, inzwischen gibt es für derlei Zwecke sicher schon die notwendige Software) und sowohl mittel- wie langfristig planen. Dabei ist die Handicap-Anamnese ebenso wichtig wie die Einteilung in verschiedene Gruppen und die sich daraus ergebenden differenzierten Gewinnmöglichkeiten. Die meisten Pokale sammelt, wer diese gleichmacherische Mathematik am ehesten durchschaut und dafür sorgt, zum richtigen Zeitpunkt mit dem richtigen Handicap in der richtigen Gruppe anzutreten. Das Verhaltensgrundraster ist hier ganz ähnlich wie im Wohlfahrtsstaat, der es dem Durchblicker ermöglicht, sich drohnenhaft ohne wesentliche eigene Leistung einen sogenannten sonnigen Lenz zu machen. Ich selbst habe schon erlebt, dass in Turnieren bei der Damen-A-Gruppe drei Nettopreise ausgeschrieben waren – bei nur zwei Teilnehmerinnen.

Keiner muss also leer ausgehen! Es gibt übrigens auch Leute, die ganz konsequent und unter Einsatz verschärfter mathematischer Kenntnisse auf den Bubi-Preis hintrainieren.

Wo bleibt der Sport? Na gut, Golf ist eben Sport und Spiel in einem, manchmal mehr Sport und manchmal mehr Spiel.

Vergessen Sie also meine Einwände: Der Reiz ist dahin, wenn eh der Beste gewinnt (und auch nur er gewinnen kann). Nivellierung ist die Grundvoraussetzung der meisten Spiel- und Zock-Varianten. Der Sportler mag das bedauern, der Spieler lebt davon.

Wie richtet man sich ein?
Ich kann folgendes empfehlen:

Die „offizielle" Vorgabe ist bei verabredeten Wetten nicht zwingend. Sie mag ein Anhaltspunkt oder auch ein Richtwert sein. Häufig wird vor der Partie zwischen den Spielern ausgehandelt, wer wie viele „Vor" kriegt. Jede Art von Information, auch außerhalb des Vorgabebürokratismus, darf verwertet werden, sei es die erst gestern gespielte Serie von drei Birdies hintereinander oder sei es die Socket-Phase, die gerade vor wenigen Tagen aufgeblüht und noch nicht vernarbt ist. Befreien Sie sich von den Zwängen des Congu-Computers, wenn Sie einander kennen. Wenn man sich nicht einigen kann, gilt natürlich die offizielle Vorgabe.
Wie die Handicaps zu vergeben oder zu verteilen sind, ist von Spiel zu Spiel ganz unterschiedlich. Ich gebe bei den folgenden Kapiteln jeweils einige Empfehlungen. Dabei, wie auch bei allen vorgeschlagenen Spielvarian-

ten, sind der eigenen Phantasie und Gestaltungsmöglichkeit keine Grenzen gesetzt.

Es gibt aber einige Grundregeln, an denen man sich orientieren kann:

1. Volles Handicap für jeden Teilnehmer (Schläge „wie sie kommen"):
Bei allen Bewerbern mit mehr als vier Teilnehmern spielt jeder mit seiner vollen Vorgabe. Soweit um einzelne Löcher gespielt wird, bekommt jeder Spieler die Schläge so, wie sie nach der Vorgabeverteilung auf der Score-Karte auf die einzelnen Löcher entfallen.
Selbstverständlich können auch in Zwei-, Drei-, oder Vierball-Spielen die Schläge so genommen werden, wie sie fallen (es kann also auch bei diesen Spielen mit voller Vorgabe angetreten werden).
Häufig wird aber bei Spielen mit höchstens einem Flight reduziert bzw. umgerechnet, wie dies nachfolgend beschrieben ist.

2. Single-Match-Play:
Hier sollte man an der klassischen Reduzierung festhalten: Der Spieler mit der höheren Vorgabe erhält drei Viertel der Differenz beider Vorgaben. Die so ermittelten Schläge werden entsprechend der Vorgabeverteilung des Platzes an den einzelnen Löchern „genommen".

3. Dreiball-Spiele:
Gerecht ist hier die volle Vorgabe, aber auch eine Reduzierung entsprechend Ziffer 4 b (siehe dort).

4. Vierball-Spiele:
Man kann in einem Vierer-Flight selbstverständlich auch (ausschließlich oder zusätzlich) „Mann gegen Mann" spielen. In diesem Fall werden die jeweiligen Vorgabeschläge wie oben (Ziffer 2) ermittelt oder vereinbart. Bei den hier angesprochenen Vierball Spielen im engeren Sinn treten jedoch jeweils zwei Partner (siehe dort) als Team gegen ein anderes Team an.

Die Handicaps sollten dabei wie folgt verteilt werden:
(a) Nur ein Spieler erhält Schläge: Zunächst werden die Vorgaben der beiden zusammenspielenden Partner addiert; man erhält so die rechnerische Team-Vorgabe. Die Differenz der beiden Teamvorgaben erhält der Spieler mit dem höheren Handicap des Teams, welches die höhere Teamvorgabe hat. Wenn beide Spieler des Teams mit der höheren Vorgabe dasselbe Handicap haben, können sie frei entscheiden, wer von beiden die Schläge bekommt.

Dies klingt umständlicher als es ist, ermöglicht aber ein einfaches und gerechtes Spielen.

Hier ein Beispiel: A hat Vorgabe 11 und spielt im Team mit B, Vorgabe 27; die Teamvorgabe ist also 38.

C hat Vorgabe 8 und spielt mit D, Vorgabe 28; die Teamvorgabe ist also 36.

Team A/B hat mit 38 die um 2 Schläge höhere Teamvorgabe; da B der schlechtere Spieler des Teams A/B ist, erhält er 2 Schläge vor an den Löchern mit Hcp 1 und 2, alle anderen erhalten *keinen* Schlag.

(b) Niedrigstes Handicap auf Null:

Hier wird der niedrigste Mann auf Null gesetzt. Alle anderen Spieler erhalten die Anzahl von Schlägen, um die ihr Handicap höher ist als das des niedrigsten Mannes.

Wäre die Gruppe wie oben besetzt, würde C keinen Schlag erhalten (er wäre auf Scratch gesetzt), A würde 3, B 19 und D 20 Schläge erhalten.

Empfehlung: Diese Berechnungsart wird man im allgemeinen dann wählen, wenn ein Spieler des Flights eine deutlich niedrigere Vorgabe hat als die anderen drei Spieler.

(c) Sinngemäß verfährt man bei einer Dreierpartie: Auch hier wird der niedrigste Mann „gestrichen" (also auf Null gesetzt), die anderen werden um das Handicap des niedrigsten Mannes reduziert.

STABLEFORD/ ZÄHLWETTSPIEL

Die einfachste Regel im Golf ist die, dass jeder Schlag zählt und alle Schläge zum Gesamtergebnis addiert werden. Es hat wohl einige hundert Jahre gedauert, bis ein Mr. Stableford (es gab ihn tatsächlich: Dr. Frank Stableford lebte und golfte von 1870 bis 1959) mit einer einfachen Formel diese Zählweise revolutionierte und den Amateurgolfern das Leben doch wesentlich erleichterte. Ich setze voraus, dass Ihnen bekannt ist, wie die Stableford-Punkte ermittelt werden[2]. Für die in diesem Büchlein beschriebenen Spiele sind zwei Dinge zu beachten:

- Alle beschriebenen Spiele, bei denen die Netto-Schlagzahl eine Rolle spielt, können grundsätzlich auch auf Stableford-Basis gespielt werden. Maßgeblich ist dann nicht der Netto-Score, sondern die jeweils oder insgesamt erzielte Zahl an Stableford-Punkten.
- Auf Stableford-Basis kann immer nur dann nicht gespielt werden, wenn auch höhere Scores noch spielentscheidend sein können. Weniger als null Stableford-Punkte kann man ja nicht machen, sehr wohl kann man aber mit einer Netto 13 ein Loch noch gewinnen, wenn der Gegner oder das gegnerische Team mit 15 immer noch nicht in Rufweite des Greens ist.

---

[2] Wer es nicht weiß, bitte im Stichwortverzeichnis nachlesen.

Bei manchen der beschriebenen Spiele habe ich darauf verzichtet, jeweils auch noch darauf hinzuweisen, dass sie für eine Stableford-Zählweise geeignet sind. Dies wird jeder selbst sehr schnell erkennen oder herausfinden.

GRUPPEN-PARTNER-SINGLE

Die meisten Spielvarianten gibt es für Vierer-Flights. Es ist üblich, dass zwei Partner ein Team bilden und gegen das aus den beiden anderen Mitspielern gebildete Team antreten. Gleichzeitig kann auch noch jeder gegen jeden spielen. Ganz abgesehen von Zusatzwetten (siehe Extrapunkte, side games, call bets)!

Es gibt Varianten von Vierball-Spielen, die sinngemäß auch individuell (also Mann gegen Mann) gespielt werden können, wie z. B. Sunningdale, Nassau auf Lochwettspielbasis, Do-it-again oder Kicker und natürlich das klassische und „einfache" Matchplay über 18 Löcher. Sinngemäß können auch Varianten wie „Fairways und Greens", „Bingo Bango Bongo" oder „Bridge" im Single (also Mann gegen Mann) gespielt werden. Es fehlt dann natürlich die Spannung, die sich aus den vielen Kombinationmöglichkeiten eines Vierballes ergibt.

Auch Dreier-Flights kommen nicht zu kurz: Nicht nur wegen einer spezifischen Gruppendynamik kommt es hier zu Spannung und Spannungen.

Einige der in diesem Buch angebotenen Spielvarianten sind auch bzw. nur auf größere Gruppen zugeschnitten; sie können sinngemäß auch im Vierball oder auch im Zweiball (Single) gespielt werden. Der Phantasie und den Gestaltungsmöglichkeiten sind dabei keine Grenzen gesetzt. Viele der bekannten, beschriebenen und in diesem Buch enthaltenen Spielvarianten lassen sich ohnehin ganz persönlich ausbauen und verändern.

Im Vierer-Flight können die beiden zusammenspielenden Partner wie folgt „ermittelt" werden:

Längster und kürzester Drive

Alle Spieler schlagen am ersten Loch in der vom Handicap vorgegebenen Reihenfolge ab, der niedrigste zuerst, der höchste zuletzt. Der Spieler mit dem kürzesten Drive bildet mit dem Spieler mit dem längsten Drive ein Team, welches gegen die beiden anderen Spieler spielt.

Niedrigste und höchste Vorgabe

Nicht unüblich ist es, den niedrigsten Mann mit dem höchsten Mann zu kombinieren. Haben zwei Spieler dasselbe Handicap, müsste durch Bällewerfen ausgelost werden.

Bällewerfen

Vier Bälle – von jedem Mitspieler einer – werden gleichzeitig in die Luft geworfen. Die beiden nach der Landung am engsten zusammenliegenden spielen zusammen.

Sinngemäß kann man bei Dreier-Flights verfahren, wenn man sich für eine Spielvariante entscheidet, bei der zwei gegen einen antreten.

CARRY OVER I

Spielt man im Dreier- oder im Vierer-Flight um Skins oder andere, jeweils am einzelnen Loch erreichbaren Punkte, wird häufig „geteilt", so dass keiner einen Punkt macht.

Was dann?

Entweder verfällt der Punkt und man spielt weiter, oder man vereinbart für diesen Fall ein „carry over": Der nicht ausgespielte Punkt wird vorgetragen und zusätzlich von dem Spieler gewonnen, der auf einem der folgenden Löcher als erster punktet.

Werden zwei oder gar mehrere Löcher hintereinander geteilt, unterliegen die dann nicht ausgepielten Punkte ebenfalls dem „carry over", so dass in ausgeglichenen Flights manchmal ein ganz ordentlicher Topf zusammenkommt.

Spielt man um die Ursula (Iris, Ouslem), verfährt man sinngemäß. Dasselbe gilt, wenn man für Greenies auf allen Löchern etwas gesetzt hat und überhaupt immer dann, wenn Punkte geteilt werden.

Nur ganz Hartgesottene spielen die am 18. Loch nicht verbrauchten „carry overs" noch aus einem play off. Üblicherweise verfallen sie.

CARRY OVER II

Auch dies nur der Vollständigkeit halber und nur für solche, die nicht recht zwischen einem Green und dem gleichfarbigen Filz eines Roulette-Tisches unterscheiden können: Mit jedem „carry over" werden die nicht ausgespielten Punkte jeweils verdoppelt. Vorsicht: Scheckbuch nicht vergessen! Über den Einsatz von Goldbarren informiert der James-Bond-Film „Goldfinger".

PRESS

Es gehen Gerüchte, dass es einen „Associated Press Club" gibt, dem beizutreten ich bisher noch nicht die Ehre hatte. Dieser Verein hat nichts mit der Zunft des Pegasus zu tun, auch hält er nicht etwa die Pressefreiheit hoch.

Er kümmert sich vielmehr um die Press-Freiheit (genauer: „intense to lay down the approved principals of bets in the game of golf and – respecting the acknowledged rules of the amateur status – promote their development").

Seinen Statuten verdanke ich übrigens die Anregung, zwei mir bis dahin unbekannte Varianten in dieses Buch aufzunehmen, nämlich die Prager „Skin Variante" und die „St. Dionys-Variante" eines Bestball-Schlechtestball-Aggregat-Matches. Ich werde unten noch darauf zurückkommen.

Was aber ist ein Press?

Grundsätzlich ist der Press das Verlangen eines Spielers oder eines Teams, auf den verbleibenden Löchern der Runde ein weiteres Match zu denselben Bedingungen bzw. um dieselbe Einheit „laufen zu lassen", um die ursprünglich gespielt wurde.

Allgemeine Grundregel: Pressen kann nur, wer mindestens zwei Punkte oder Einheiten „down" ist. Ein Press erklärt werden kann ferner nur vor dem Abschlag auf dem Loch, von welchem ab der Press gespielt werden soll.

Die Press-Vielfalt weist folgende Grundarten auf:

Ausgehandelter Press
Wer gepresst wird, hat entweder die Möglichkeit, den Press zu akzeptieren oder ihn abzulehnen.
Einmal abgelehnt, kann er an den folgenden Löchern bei Vorliegen der dafür vorgesehenen Voraussetzungen erneut angeboten werden.

Automatischer Press
Hier ist die Sache einfacher: Immer dann, wenn ein Team oder ein Spieler zwei down liegt, sei es im originären oder im gepressten Spiel, läuft automatisch parallel ein neues Match zu denselben Bedingungen.

Automatischer Press mit Option
Bei dieser Variante hat es jeweils die zurückliegende Partei in der Hand, ob sie von der Möglichkeit zu pressen Gebrauch machen will oder nicht. Erklärt sie einen Press, besteht die Automatik darin, dass die Gegenpartei diesen Press nicht ablehnen kann.

Press mit abweichenden Bedingungen
Weniger spannend, aber hin und wieder gebräuchlich ist es auch, schon dann einen Press zuzulassen, wenn ein Team bzw. der Gegner nur eine Einheit „down" ist. Ebenso kann abweichend vereinbart werden, dass die durch einen Press ins Leben gerufenen zusätzlichen Spiele jeweils nur um die halbe Einheit gespielt werden.

Texas-Press

Das ist der letzte verzweifelte Versuch der Gegenpartei, das Spiel noch aus dem Feuer zu reißen. Diese Art zu pressen wird auch „double or nothing" oder „Aloha Press" genannt.

Die pressende Partei gibt durch ihre Erklärung das laufende Match auf, bietet aber an, auf den verbleibenden Löchern (oft ist es nur noch das 18. Loch!) die Gewinnchancen für die vorne liegende Partei zu verdoppeln. Gewinnt die pressende Partei die restlichen oder das letzte Loch, muss sie nichts zahlen, teilt sie, erhält die Gegenpartei den ursprünglich vereinbarten Einsatz, verliert sie, zahlt sie doppelt.

Venture-Press

Im Vierball kommt es häufig vor, dass ein Spieler eines Teams das andere Team pressen will, sein Partner jedoch nicht. Häufig wird man dann zulassen, dass dieser Spieler gleichwohl einen Press erklären darf, wenn er das damit verbundene Risiko allein übernimmt, ebenso wie natürlich die zusätzliche Gewinnchance.

Umgekehrt kann ein Spieler eines gepressten Teams allein den Press annehmen, wenn er gleichzeitig auch erklärt, das Risiko dafür ebenfalls allein zu tragen.

NASSAU

Eine stichhaltige und wissenschaftlich nachprüfbare Erklärung der Bezeichnung „Golf" ist bisher ebenso zu vermissen wie eine profunde Erkenntnis darüber, woher „Nassau" seinen Namen hat. Bahamas? Ich glaube nicht. Wer mir das Geheimnis entschlüsselt, erhält von mir ein Dutzend handsignierter Bälle. „Nassau" dürfte wohl die beliebteste Grundform eines Spieles über 18 Löcher sein.

Die Struktur dieses für Zweier-, Dreier- und Vierer-Flights geeigneten Grundrasters ist einfach: Es laufen drei Spiele, eines um die ersten 9, eines um die zweiten 9 und eines um die 18 Löcher insgesamt. Man kann dabei variieren zwischen reinem Matchplay (im Zweier-Fight), einer Kopenhagener Wertung (im Dreier-Flight) und den zahlreichen Variationen im Vierer-Flight (Bestball, Bestball-Schlechtestball, Bestball-Schlechtestball-Aggregat usw.).

Selbstverständlich kann man auch auf Zählwettspielbasis den oder die Gewinner der ersten 9, der zweiten 9 oder der 18 Löcher ermitteln. Zusätzlich kann man auch kombinieren mit Extrapunkten, die nicht notwendigerweise außerhalb des üblichen Matches abgerechnet werden müssen. Sie können ebensogut zu den Lochgewinn-Punkten hinzugerechnet werden.

Setzt man die Einheiten unterschiedlich hoch fest, ist für Spannung gesorgt. Klassische Einheiten sind Golfbälle, kein Zweifel. Üblich sind folgende Varianten:

	Ein-heiten	Out Löcher 1–9	In Löcher 10–18	Match insgesamt Löcher 1–18
1. Variante	3	1	1	1
2. Variante	4	1	1	2
3. Variante	5	1	2	2

Hier ein Beispiel

Nehmen wir an, ein Vierer-Flight hat sich für die dritte Variante entschlossen. A und B spielen gegen C und D auf Bestballbasis um die einzelnen Löcher (die Mannschaft mit dem besten Netto gewinnt das Loch).

Gewinnen nun A und B die ersten 9 Löcher mit „Eins auf", verlieren aber die zweiten 9 Löcher mit „Drei auf Zwei", sieht die Rechnung wie folgt aus: A und B können sich eine Einheit gutschreiben für den Gewinn der ersten 9 Löcher, C und D können sich aber gleich vier Einheiten gutschreiben, nämlich für den Gewinn der zweiten 9 Löcher zwei Einheiten und für den Gewinn des Matches wiederum zwei Einheiten.

Hat man außerdem vereinbart, dass an den Par-3-Löchern Ursulas ausgespielt werden, jeweils mit einer Einheit für das eine Ursula erzielende Team, und hat man schließlich je Einheit für ein von einem Team erzieltes Brutto-Birdie ausgesetzt, kann die Gesamtabrechnung etwa so aussehen:

Wenn das Team A/B zwei Ursulas und ein Brutto-Birdie erzielt hat, das Team B/C bei dieser Sonderwertung aber leer ausgeht, erhalten A/B zusätzlich drei Einheiten. Verrechnen sie nun diese drei Einheiten gegen die Nassau-Wertung (wie im obigen Beispiel), liegt der typische Fall eines „Hornberger Schießens" vor. Man hat eine spannende Runde und anstrengende Rechenarbeit hinter sich gebracht und stellt fest, dass keiner vom anderen etwas verlangen kann.

Nassau hat viele Variationsmöglichkeiten. Ich selbst spiele gerne ein NASSAU SCHARF: Hier wachsen die Einsätze progressiv, die ersten 9 Löcher bringen eins, die zweiten 9 Löcher bringen zwei und das gesamte Match über 18 Löcher bringt drei Einheiten. Wer von sich weiß, dass er langsam startet und dann auf den zweiten 9 Löchern unheimlich stark wird, sollte seinem Gegner ein NASSAU SCHARF anbieten, wenn dieser dafür bekannt ist, unheimlich stark anzufangen und dann abzuschlaffen. Es besteht dann wenigstens ein taktischer Vorteil.
Wehe, wenn zwei Langsamstarter aufeinandertreffen …

BESONDERER TEIL

Nun wird's also ernst:

Die folgenden Seiten enthalten eine – unvollständige und stets ergänzungsbedürftige – Sammlung konkreter und bewusst einfach erklärter Wett-Spiele³. Wohl bezock's!

AUF DER SCHAUKEL

Diese über mindestens 18 Löcher zu spielende Variante könnte als Großonkel der Kaninchen-Wetten bezeichnet werden. Die Verwandtschaft ist augenfällig, doch stellt der Großonkel höhere Anforderungen an den sportlichen Einsatz. Im Englischen heißt das Ganze „On the Perch" und soll zum Ausdruck bringen, dass der Weg zum Gewinn eines Punktes über den recht luftigen und allen Angriffen ausgesetzten Sitz auf einer Stange (im Vogelkäfig) führt. Von dort wird man leicht heruntergeschossen!

---

³ Verlag und Verfasser sind für Anregungen aller Art sehr dankbar. Bitte schreiben Sie an Dr. Klaus Werner, Josephspitalstraße 15, München, wenn Sie andere Formen, Varianten, Bezeichnungen kennen oder auch sonst etwas mitteilen wollen!

Wie kommt man hin?

Gespielt wird nach Zähl-Wettspielregeln, wobei innerhalb des Flights das niedrigste Handicap auf Null gesetzt werden kann, während die Mitspieler je drei Viertel der Differenz zum besten Spieler als auf die einzelnen Löcher zu verteilende Vorgabe bekommen. Am spannendsten ist die Schaukel als Dreiballspiel, möglich ist sie aber auch im Zweier- oder Vierer-Flight.

Zunächst läuft es ganz ähnlich wie bei den Kaninchen-Varianten: Wer als erster ein Loch allein gewinnt, begibt sich auf die Schaukel und erhält so ein Anwartschaftsrecht auf einen Punkt. Dort bleibt der Spieler, solange er mit jeweils einem oder allen Mitbewerbern den Bestball auf den folgenden Löchern teilt.

Gewinnt er ein weiteres Loch allein, erhält er einen Punkt und bleibt auf der Schaukel. Er kann dann – graue Theorie, aber es soll schon vorgekommen sein – beim nächsten Loch gleich noch einmal punkten.

Gewinnt ein anderer Spieler ein Loch allein, darf er den Platz auf der Schaukel einnehmen, der andere muss von der Stange herunter und hat sich in das Feld der Verfolger einzureihen. Wer nach 18, 36, 54 oder gar 72 Löchern die meisten Punkte hat, streicht den vereinbarten Pot ein, in den jeder Mitspieler einen gleich hohen Beitrag einzuzahlen hat. Haben zwei die gleiche Punktezahl, wird der Pot geteilt.

BESTBALL-AGGREGAT

Auch hier spielen zwei Teams gegeneinander um Punkte wie folgt:
- Einen Punkt erhält das Team mit dem Bestball.
- Einen weiteren Punkt erhält das Team mit der besseren Summe der Ergebnisse beider Partner.

Das Ganze kann natürlich – wie alle Vierer – auf Nassau-Basis gespielt werden. Für ein Matchplay eignet sich diese Form nicht, da es um Punkte geht, von denen jeweils zwei pro Loch gewonnen werden können.

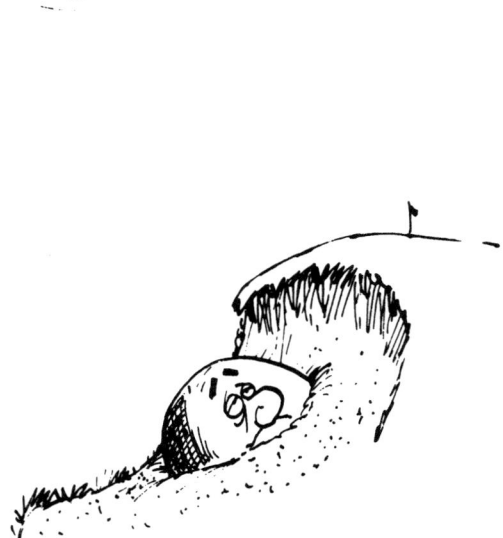

BESTBALL-SCHLECHTESTBALL

Auch wieder ein „Vierer", der eigentlich besser „Zweier" heißen müsste. Es geht hier nicht um den Gewinn einzelner Löcher, sondern um den Gewinn von Punkten:
- Einen Punkt erhält das Team mit dem Bestball.
- Einen weiteren Punkt erhält das Team, welches nicht den Schlechtestball hat.

Ein Beispiel: A und B spielen gegen C und D und sind – weil die Summe der Teamhandicaps gleich ist – ohne Vorgabe. A spielt Birdie 3, B muss eine 6 anschreiben, C und D haben sich jeweils mit einem Bogey 5 gerettet. Team A/B erhält nun einen Punkt für den Bestball, wohingegen C/D einen Punkt erhält, weil ihr Team *nicht* den Schlechtestball hat (den Schlechtestball hat mit 6 Schlägen das Team A/B). Da beide Teams jeweils einen Punkt bekommen, ist an diesem Loch „nichts passiert". Hätte B ebenfalls eine 5 erzielt, wäre der Schlechtestball „geteilt" worden, so dass Team A/B einen Punkt erhalten hätte. Hätte D statt der 5 eine 7 erzielt, würde das Team A mit 2 Punkten belohnt werden, einmal für den Bestball und einmal dafür, dass Team C/D den Schlechtestball auf sich hätte nehmen müssen.

BESTBALL-SCHLECHTESTBALL-AGGREGAT

Bei diesem Vierer spielen wiederum zwei Teams gegeneinander um den Gewinn von drei Punkten pro Loch:
- Einen Punkt gewinnt der Bestball, einen Punkt gewinnt die Mannschaft, die nicht den Schlechtestball hat.
- Schließlich gewinnt einen weiteren Punkt die Mannschaft mit der besseren Summe ihres Scores.

Üblicherweise wird auch hier auf Nassau-Basis gespielt. Man kann natürlich auch eine Wetteinheit für jeden Punkt ausschreiben. Auszugleichen ist dann die Punktedifferenz. Die Punktedifferenz wird bei Begleichung der Wette nicht halbiert; üblich ist es vielmehr, dass jeder der beiden Partner des Gewinnerteams die volle Punktedifferenz vergütet bekommt.

BESTBALL-
SCHLECHTESTBALL-
AGGREGAT
ST. DIONYS VARIANTE

Aus den Reihen der Mitglieder des renommierten deutschen Golfclubs St. Dionys stammt diese harte Variante für Leute, die schnell Kasse machen wollen. Gespielt wird entweder Bestball-Schlechtestball oder ein Bestball-Aggregat, ausnahmsweise einmal als Lochwettspiel über jeweils *zwei Löcher (!)*.

Das nach einem Loch führende Team kann vom anderen Team gepresst werden, d. h. auf dem zweiten (und damit letzten) Loch des Matches läuft eine zusätzliche Wette um eine Einheit mit.

Doppelt gepresst werden kann das nach einem Loch vorn liegende Team, wenn es mit zwei Punkten (also entweder mit Bestball *und* Schlechtestball oder Bestball *und* Aggregat) vorn liegt. Wird dieser Press verloren, kann es teuer kommen. Das Match über zwei Löcher kostet vier Einheiten.

Ist das Match nach zwei Löchern vorbei, werden durch Hochwerfen der Bälle neue Teams gebildet. Die Spieler, deren Bälle am nächsten zusammenliegen, bilden ein Team, übrigens auch dann, wenn sie auf der Runde schon vorher zusammengelost waren.

BESTBÄLLE (GRUPPEN FÜR VIER ODER MEHR TEILNEHMER)

Von den drei nachfolgend beschriebenen Varianten ist eine sehr gebräuchlich und in jedem Turnierkalender zu finden (Vierball-Bestball). Die beiden anderen Varianten sollten schleunigst in manch langweiligen Turnierkalender eingebaut werden.

Fangen wir mit dem VIERBALL-BESTBALL an:

Zwei Spieler bilden ein Team, jeder spielt seinen Ball zu Ende. Gewertet werden kann nach Zählspielregeln oder nach Stableford, und zwar entweder Netto oder Brutto (oder auch beides, wenn die Einsätze oder Preise sowohl für Brutto wie auch für Nettowertung ausreichen).

Das jeweils an einem Loch erzielte bessere Ergebnis wird notiert. Es gewinnt das Team mit dem niedrigsten Gesamtscore für 18 Löcher.

Weniger bekannt ist BESTBALL OF THE FOURSOME:

Gespielt wird wie beim Vierball-Bestball, nur mit dem Unterschied, dass ein Team nicht aus zwei, sondern aus vier Spielern besteht. Sie werden staunen, welch niedrige Scores für die Summe der erzielten Bestbälle abgeliefert werden.

Etwas schwieriger ist es beim
TWO BESTBALLS OF THE FOURSOME:

Als Lochergebnis wird hier jeweils die Summe der beiden besten an jedem Loch gewerteten Bälle angeschrieben. Das Team besteht wieder aus vier Spielern.

BINGO BANGO BONGO

Eine ungewöhnliche und lustige Angelegenheit, bei der alle Vorgaben außer Betracht bleiben. Wichtig ist nur, dass alle Spieler in der nach den Regeln vorgeschriebenen Reihenfolge spielen. Es werden dann folgende Punkte vergeben:

1. Einen Punkt erhält, wer seinen Ball als erster auf dem Green placiert.
2. Einen weiteren Punkt erhält, wer mit seinem Ball am nächsten zur Fahne liegt, nachdem alle Bälle auf dem Green sind.
3. Schließlich erhält einen Punkt, wer seinen Ball als erster einlocht.

   Hinweis: Man kann die Punktevergabe insoweit variieren, als man bei Par 3 Löchern keinen Punkt für den ersten Ball auf dem Green vergibt. Grund: Die Reihenfolge der Abschläge kann zu einseitigen Vorteilen führen; andererseits: Wer die Ehre hat, sollte auch die Chance bekommen, einen zusätzlichen Punkt zu bekommen.

Bingo Bango Bongo wird leider zu selten gespielt, macht aber großen Spaß, auch wenn ganz unterschiedlich starke Spieler gegeneinander antreten. Zwar hat in der Regel der beste Spieler größere Chancen, den ersten Punkt zu machen. Unabhängig von der Spielstärke werden aber die zweiten und dritten Punkte hart umkämpft sein. Ein guter Chip „tot an die Fahne" wird auch dann mit einem Punkt belohnt, wenn dies schon der achte Schlag war!

Ebenso wird ein langer Putt honoriert, wenn er als erster fällt. Für Anfänger ist Bingo Bango Bongo bestens geeignet; sie lernen, sich vor allen Dingen im „Finish" auf exakte Schläge zu konzentrieren.

BRIDGE

Ähnlich wie im Kartenspiel wird hier vor jedem Abschlag „gereizt" bzw. geboten.

Spielt man (wofür BRIDGE am besten geeignet ist) im Vierer, so haben die Partner vor jedem Loch anzusagen, welchen addierten Netto-Score sie für das zu spielende Loch benötigen (wollen). Auf dem ersten Loch darf das erste Gebot von dem Team gemacht werden, welches die höhere gemeinsame Vorgabe hat. Auf den folgenden Löchern bietet jeweils das Team zuerst, welches das vorhergehende Loch gewonnen hat.

Steht das erste Gebot, hat das andere Team folgende Möglichkeiten:

(a) Annahme des Gebots,

(b) Annahme des Gebots, verbunden mit einem „Contra", was zur Verdoppelung der zu erringenden Punktezahl an diesem Loch führt,

(c) Unterbieten des Gebots durch ein niedrigeres Gebot.

Das Bieten wird fortgesetzt, bis ein Gebot angenommen ist.

DAS GANZE MAG DURCH FOLGENDES BEISPIEL ILLUSTRIERT WERDEN:

Vor einem Par 4 Loch (mit dem Schwierigkeitsgrad hcp 5) sagt das Team A/B seinen zu erzielenden Netto-Score mit „11" an. Das Team C/D reagiert darauf mit dem Gegengebot „10", was soviel bedeutet, dass das Team

C/D nun – um punkten zu können – netto 10 spielen müsste. Das Team A/B berät sich kurz und unterbietet dann nochmals mit „9". Das Team C/D nimmt dieses Gebot an und fügt spontan noch ein „Contra" hinzu.
Punkten kann nun an diesem Loch nur das Team A/B, weil dessen Gebot angenommen ist. Nun werden – wiederum vergleichbar mit dem Kartenspiel „Bridge" – nach Beendigung des Loches Punkte vergeben, und zwar wie folgt:
Jeder Schlag über dem Gebot führt zu einem Minuspunkt, jeder Schlag unter dem Gebot zu einem Pluspunkt. Nochmal: Punkten kann also nur das Team, dessen Gebot angenommen worden ist.

Es kann auch vereinbart werden, dass die Minus- bzw. Pluspunkte mit der Abweichung vom Gebot überproportional steigen, z. B.:

Anzahl der Schläge über bzw. unter dem Gebot	Plus- bzw. Minuspunkte
1	1
2	3
3	6
4	8
5	10
usw.	usw.

Bei einem „Contra" zählen die Punkte natürlich doppelt.

Ausbezahlt wird in der Regel nach Punktedifferenz. Das Ganze kann aber auch auf Nassau-Basis gespielt werden (eine Gewinneinheit für die Summe der Punkte auf den ersten 9, eine Gewinneinheit für die zweiten 9 und eine weitere Gewinneinheit für die 18 Löcher insgesamt (vgl. bei „Nassau").

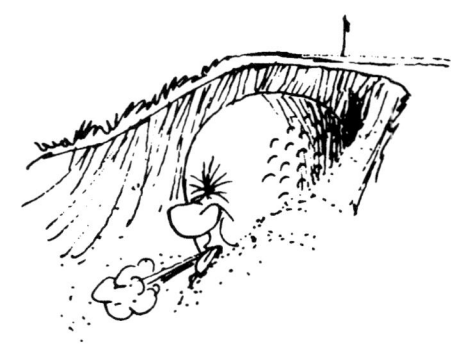

CONTRA – PRAGER VARIANTE

Ähnlich wie bei „Double" wird hier mit Bluff und Spekulation um die Einsätze gepokert.

Geboten wird erst dann, wenn *alle* Bälle abgeschlagen sind. Jeder Spieler hat dann das Recht, den Einsatz zu verdoppeln, bis eine der beiden Seiten akzeptiert. Die gängigen Erklärungen sind dabei „Contra" – „Ree" – „noch mal einen drauf" – „noch mal retour".

Es empfiehlt sich, irgendwo ein Limit anzusetzen, entweder bei vierfachem oder bei achtfachem Einsatz.

Die extreme Variante des „Prager" sieht so aus, dass erneut geboten werden kann, wenn alle Spieler wiederum die jeweils nächsten Schläge gespielt haben. Es empfiehlt sich dann aber dringend, wenigstens einen Caddy mitzunehmen, der außer mit Regelkunde auch noch mit einem Taschenrechner ausgestattet ist. Jeder kennt ja die Geschichte mit dem Schachbrett und den Weizenkörnern, die harmlos damit anfängt, dass auf das erste Feld ein Weizenkorn und auf die folgenden dann jeweils die doppelte Menge an Weizenkörnern gelegt wird. Die Kornspeicher Kleinasiens haben nicht ausgereicht . . .

DAYTONA

Dieser Vierball-Klassiker ist etwas für harte Zocker. Außerhalb der Vereinigten Staaten (dort ist der Name Daytona gebräuchlich) heißt dieses Spiel auch Texas, manchmal auch Vegas. Gewertet werden für die beiden Teams im Vierball jeweils die Netto-Scores. Die beiden Netto-Scores eines Teams werden nebeneinander geschrieben, so dass eine zweistellige Zahl gebildet wird. Hat z. B. auf einem Par 4-Loch A netto eine 4, sein Partner B aber eine 6, wird 46 angeschrieben. Schlechter sieht die Sache aus, wenn A netto eine 5 und B netto eine 9 spielt, in diesem Falle lautet die Kombinatin 95.
Die Regel ist ganz einfach: Netto-Par oder besser wird als erste Ziffer (Zehnerstelle), der Score des Partners an der zweiten Stelle (Einerstelle) geschrieben. Hat keiner der Partner eines Teams ein Netto-Par erzielt, wird die *höhere* Schlagzahl an die erste Stelle geschrieben.
Es sind sogar dreistellige Zahlen denkbar: A und B spielen zusammen, A schreibt auf einem Par 4 netto eine 5, B aber eine 11, die Kombination lautet 115. Viel Vergnügen!
ACHTUNG: Es kann hier zu sehr hohen Punktgewinnen kommen. Würde Team A/B bei einem Par 4 eine 115 anschreiben müssen, und hätte Team C/D netto Birdie und netto Par, also 34, anzuschreiben, würde C/D an einem Loch 81 Punkte machen. Deswegen heißt das Spiel auch Texas.
Man sollte die Einheiten nicht zu hoch ansetzen, wenn man pro Punkt um eine Einheit spielt. Man kann aber

auch hier – wie bei Bridge oder anderen Varianten – jeweils auf Nassau-Basis spielen, d. h. also eine Gewinneinheit für die ersten 9 Löcher, eine für die zweiten 9 Löcher und eine für die 18 Löcher bestimmen.

DOUBLE ODER CONTRA

Wirklich gut geeignet ist diese Wette nur für einen Zweier-Flight. Sinngemäß kann sie natürlich auch in einem Vierer-Flight (Teams gegeneinander) gespielt werden oder – was im Vierer-Flight immer möglich ist – auf der Basis „jeder gegen jeden".

Gespielt wird um Löcher nach Lochwettspielregeln. Die Wetten beginnen nach dem ersten Abschlag an jedem Loch: Jeder der beiden Spieler kann dann verdoppeln. Wer einen idealen Drive geschlagen hat, kann spontan selbst gleich „double" bieten, ebenso kann umgekehrt der Gegner verdoppeln, wenn der Spieler seinen Abschlag nur kurz hinter das Damen-Tee getoppt hat.

Der jeweilige Gegner kann das „Double" (oder „Contra") entweder akzeptieren oder nochmals verdoppeln. Macht er letzteres, hat der erste Bieter wiederum die Möglichkeit zu akzeptieren oder ein weiteres Mal zu verdoppeln.

Bei harten Partien kann dieses „Double" und „Re-Double" nach jedem Schlag erneut einsetzen, bis der letzte Ball im Loch ist. Man kann sich aber auch darauf beschränken, die Verdoppelungsgebote jeweils nur nach den Abschlägen zuzulassen und dann ohne weitere Gebote das Loch zu Ende zu spielen. Allzu schnell wird sonst aus einer Einheit von 50 Cent ein nervtötendes Monster von 16 oder 32 Euro (pro Loch!).

Eine wichtige Grundregel ist immer zu beachten: Nur nach dem ersten Schlag können beide Spieler bieten (und zwar so lange, bis einer der beiden akzeptiert hat). Danach kann immer nur der bieten, der zuletzt das Angebot des Gegners angenommen hat.

Hier ein Beispiel,
wie so etwas laufen kann:

A und B spielen um Einheiten von 50 Cent. Spieler A hat einen traumhaften Abschlag und sagt „Double". Spieler B lässt dies auf sich beruhen und verkneift sich ein „Re-Double", weil er erst einmal abwarten will.
Er setzt seinen Abschlag in einen hämisch daliegenden Fairway-Bunker. A würde nun gern verdoppeln, darf dies aber nicht, weil er als letzter gedoppelt hatte. A muss sich also zunächst auf die Zunge beißen.
Nun setzt B aber – weil er kürzer liegt, muss er als erster schlagen – aus dem Fairway-Bunker ein traumhaftes Sechsereisen aufs Green und sagt ohne lange zu fackeln „Double". A muss sich – bevor er seinen Ball schlägt – entscheiden, wie er darauf antwortet, er ist klug genug, nicht erneut zu verdoppeln, sondern zu akzeptieren, und schlägt seinen Ball gemütlich ebenfalls aufs Green, und beide nehmen zwei Putts und teilen das Loch. Hätte einer das Loch für sich entschieden, hätte er den inzwischen auf 4 Euro angewachsenen Einsatz einstreichen dürfen.

DREIER-BRIDGE

Mit einigen Abweichungen kann Bridge auch zu dritt gespielt werden. Entweder unterbietet einer (der dann ein „Solo" spielt) die beiden anderen, oder es wird das Gebot zweier dann zusammenspielender Bewerber angenommen, so dass nur diese punkten können.

DAS REIZEN ODER BIETEN
VERLÄUFT DABEI WIE FOLGT:

- Die Reihenfolge des Bietens richtet sich nach der Ehre (vor dem ersten Abschlag also nach den Handicaps, vor den folgenden Abschlägen jeweils nach dem am vorangegangenen Loch erzielten Brutto-Resultat).
- Jeder Spieler kann entweder passen oder ein Gebot abgeben.
- Das Bieten wird so lange fortgesetzt, bis ein Gebot angenommen ist.
- Von dem angenommenen Gebot hängt es ab, wer – allein oder zusammen mit einem anderen – punkten kann.
- Wer ein Solo ansagt, hat gegenüber einem Gebot in gleicher Höhe Vorrang.

Dies scheint komplizierter zu sein, als es ist. Hier ein Beispiel:

Vor einem Par 4 erklärt Spieler A, dass er – zunächst – passe.
- Spieler B bietet halbherzig netto 6.
- Spieler C unterbietet ihn mit netto 5.

(Anmerkung: Hätte Spieler C ebenfalls gepasst und – nach ihm befragt – Spieler A ebenso, dann wäre das Gebot des Spielers B angenommen gewesen. Er hätte ein „Solo" zu spielen, bei dem er mindestens netto 6 erreichen müsste.)

- Nun hat Spieler A erneut die Möglichkeit zu bieten. Er hat nun drei Möglichkeiten:
  – Passt er, so würden B und C zusammenspielen und müssten im Team (6 plus 5) = 11 netto erreichen.
  – Bietet er 5, so würden er und Spieler C im Team spielen und müssten (5 plus 5) = 10 netto erreichen.
  – Bietet er 5 an und erklärt dazu, dass er „Solo" spielen würde, ginge das Bieten weiter: Nacheinander hätten Spieler B und C die Möglichkeit, ebenfalls ein Solo zu spielen, aber nur dann, wenn sie mindestens 4 netto ansagen würden (um den in diesem Fall vorrangigen Spieler A zu unterbieten).
  – Spieler A könnte selbstverständlich auch niedriger bieten, so zum Beispiel 4 oder 4 Solo.

Bridge – sowohl zu dritt als auch zu viert – wird ebenfalls viel zu selten gespielt. Das Bieten bzw. Reizen ist nach einigen Versuchen eine höchst einfache Sache,

die ohne Zeitverlust auf dem Weg zum nächsten Abschlag erledigt werden kann. Man mache sich bewusst, wo die Reize von Bridge liegen:
- Vorangegangener Murks kann vergessen werden, neues Loch – neues Glück.
- Wer kein Gebot abgibt oder von den Mitspielern unterboten worden ist, kann zwar an diesem Loch nicht punkten. Er kann aber üben oder das Spiel dadurch beschleunigen, dass er aufhebt.

Übrigens: Bridge kann man auch zu zweit oder allein spielen. Wer allein spielt, hat einen besonders unangenehmen Burschen zum Gegner.

FAIRWAYS UND GREENS

Auch wenn es nicht gleich auffällt: Einige der in diesem Büchlein beschriebenen Spielarten werden – unmerklich – Ihren Score verbessern. Gilt es zum Beispiel beim „Sandy", den Ball aus dem Greenbunker tot ans Loch zu legen, werden fast magische Kräfte und Fähigkeiten auch im Durchschnittsgolfer geweckt. Die Erfolge mehren sich, unmerklich bessert sich auch der Durchschnittsscore. Golf hat viel mit Durchschnittswerten und Statistik zu tun, das sollte man nie vergessen. Auch unmerkliche Verbesserungen bei der Bewältigung immer wiederkehrender Trouble Shots machen sich auf die Dauer nachhaltig bemerkbar. Wer ein Jahr lang um „Sandies" spielt, hat nicht nur den Spaß an einer Wette, sondern kann auch einen Lernerfolg verbuchen. Genauso steht es mit „Greenies", „Coffee-Balls", „Ursulas" und ähnlichen Wetten, bei denen es gilt, durch einen besonders gut gelungenen Schlag einen Extrapunkt zu ergattern.

Für konzentriertes Spiel vom Abschlag bis ins Loch besonders geeignet ist „Fairways und Greens". Gespielt wird um Punkte wie folgt:

- Mit einem Punkt wird jeder belohnt, dessen Tee-Shot auf dem Fairway landet (und zwar ohne Rücksicht auf das Handicap).
- Einen weiteren Punkt erhält, wer das Green in der vorgeschriebenen Schlagzahl (in regulation) erreicht, bei einem Par 3 also in einem Schlag, bei einem Par 4 in zwei Schlägen und bei einem Par 5 in

3 Schlägen (Handicaps werden für diesen Punkt ebenfalls nicht berücksichtigt).
- Einen weiteren Punkt erhält schließlich, wer ein Netto-Par erzielt (für diesen Punkt ist das Handicap zu berücksichtigen).
- Zwei Punkte erhält, wer ein Netto-Birdie erzielt (also auf vier: Handicaps).

Die Vorgaben wirken sich also nur bei den Punkten für das Netto-Par bzw. das Netto-Birdie aus (ein Netto-Eagle wird übrigens mit drei Punkten zu belohnen sein).

Gespielt wird mit voller Vorgabe, die auf die einzelnen Löcher verteilt wird. Die Spielstärke der Teilnehmer sollte keine großen Unterschiede aufweisen, da eine gewisse Wahrscheinlichkeit dafür spricht, dass besondere Spieler häufiger für gelungene Teeshots oder reguläre Greentreffs Punkte machen.

Andererseits: Es soll ja auch Spieler geben, die hin und wieder Par-Runden abliefern, ohne dabei ein einziges Mal auf einem Fairway gelegen zu sein. Dem muss man nicht unbedingt nachstreben, genauso wenig wie man etwa behaupten könnte, Rauchen sei deswegen gesund, weil der inzwischen schon 108 Jahre alte Nachbar seit 80 Jahren täglich 25 Zigaretten und zwei Zigarren konsumiere.

FLORIDA SCRAMBLE

Wer dieses Team-Spiel (für größere Gruppen, Mindestzahl zwei Flights aus je drei bzw. je vier Spielern) noch nicht versucht hat, sollte sich schleunigst damit befassen. Gute Spieler können sich dabei noch gewaltig steigern, Anfänger ohne Vorgabe oder ewige 36er können endlich einmal fühlen, wie es ist, das Green in regulärer Schlagzahl zu erreichen.

Gespielt wird in Viererteams gegeneinander (überflüssig zu sagen, dass jedes Team für sich startet); nur ausnahmsweise sollte ein Team aus drei Spielern bestehen. Es ist wichtig, die Teams aus einem guten Spieler, zwei mittleren und einem Anfänger zu bilden. Jeder schlägt ab, und dann wird die Lage besprochen: Von der Stelle, an der der beste Ball liegt, und das muss nicht immer der längste sein, spielen nun wieder alle Kameraden des Teams ihren nächsten Schlag. So geht es weiter bis ins Loch.

Zwei wichtige Tipps:

- Man sollte sich die Reihenfolge gut überlegen, in der jeweils abgeschlagen oder weitergespielt wird. Die Reihenfolge kann das Team bestimmen. Eine brauchbare Faustregel ist die, dass der beste Spieler ausnahmsweise zuletzt schlägt oder auch zuletzt puttet. Er ist noch am ehesten in der Lage, aus Fehlern oder falscher Schlägerwahl seiner Mitspieler zu lernen und das Gelernte auch sogleich umzusetzen

(Beschaffenheit des Geländes, Reaktion des Balles beim Landen, Einschätzung der Puttlinie usw).
- Geputtete Bälle sollten vorsichtshalber immer markiert werden, auch wenn man zum Beispiel von einem zu kurz gelassenen Putt glaubt, dass seine Position für den nächsten Schlag nicht gewählt wird. Gespielt wird – überflüssig zu sagen – ohne Vorgabe, also „offen".

HONEY POT

Eigentlich handelt es sich dabei um ein ganz normales Zählspiel auf Netto-Basis. Der Spieler mit dem niedrigsten Netto-Score (unter Berücksichtigung der vollen Vorgabe) erhält den „Honigtopf", der vorher durch gleich hohe Beiträge aller Teilnehmer gefüllt worden ist.

Eine solche Wette kann vereinbart werden für eine volle Runde oder aber auch – ähnlich wie beim Nassau für die ersten 9, für die zweiten 9 und für die 18 Löcher. Ebenso kann natürlich ein Honey Pot ausgeschrieben sein für das beste Netto-Score einer beliebigen Anzahl von Runden.

Die besondere Bedeutung für uns liegt nun in folgendem:

- Ein Honey Pot kann kombiniert werden mit einer Vielzahl von anderen Wetten, er läuft sozusagen als Basiswette mit und ist – weil jedes Loch zu Ende gespielt werden muss – Garant für seriöses und „ech-

tes" Golf, manchmal aber auch Netz und doppelter Boden für den ernsthaften Golfer, der bei allen übrigen Wetten wenig Glück hat und sich durch den Gewinn des Honey Pot gerade noch vor dem finanziellen Ruin bewahren kann.
- Die Teilnehmerzahl ist nach oben unbegrenzt. Auch größere Gruppen, die, von der Zockerleidenschaft gepeinigt, individuelle Games innerhalb ihrer Flights nicht lassen können, bleiben wenigstens mit einem Bein auf der Erde, welche für Golfer bekanntlich meist die Farbe des Rasens hat und zur Verfolgung des gemeinsamen Zieles dient: Not how, but how many . . .

KANINCHEN I

Beide Kaninchen-Varianten (I und II) können (ähnlich wie Skins) als Spiele im Spiel (side games) vereinbart, ebenso gut aber als „Grundmatch" ausgetragen werden.

ZUNÄCHST DIE AMERIKANISCHE VARIANTE:

Üblicherweise wird ein Kaninchen auf den ersten 9 und ein weiteres auf den zweiten 9 Löchern gespielt. Wer als erster an einem Loch das niedrigste Netto-Ergebnis vorzeigen kann, erhält einen „Lauf" des Kaninchens. Er „hält" das Kaninchen an der Pfote.
Er hält es, solange er die folgenden Löcher teilt. Gewinnt er erneut das niedrigste Netto an einem Loch, hält er das Kaninchen an zwei Läufen. Wenn er auf diese Weise vier Läufe ergattert, hat er die gesamte Wette gewonnen, und das Spiel kann von neuem beginnen.
Kaninchen mit vier Gewinnlöchern werden nicht gerade häufig „erlegt". Der Wetteinsatz kann daher hoch sein. Wer ein Viererkaninchen abschießt, hat einen hohen Gewinn verdient.
Man kann auch hier variieren: Wer am Ende der Runde das Kaninchen – egal an wie vielen Läufen – hält, gewinnt den Wetteinsatz, der dann allerdings etwas niedriger ausfallen sollte.

KANINCHEN II

Leichter zu gewinnen ist die mehr in Europa beheimatete Kaninchenvariante, die ich mit Kaninchen II bezeichnen möchte. Vielleicht bürgert sich eines Tages auch die Bezeichnung *„EURO-KANINCHEN"* ein. Auch hier geht es darum, mit dem besten Nettoergebnis jeweils allein ein Loch zu gewinnen. Wer das geschafft hat, hat das Kaninchen aus dem Loch herausgeholt: Es ist ihm sozusagen vor die Füße gehüpft und hat ihm dadurch die erste Anwartschaft auf den Wettgewinn gesichert.

Dieses Anwartschaftsrecht behält der Gewinner des Loches, solange die folgenden Löcher geteilt werden.

FÜR DEN FOLGENDEN VERLAUF
GIBT ES ZWEI VARIANTEN:

1. Variante:
Gewinnt ein anwartschaftsberechtigter Spieler eines der folgenden Löcher, schnappt er sich das ganze – vor dem Loch sitzende – Kaninchen und streicht den Statteinsatz ein. Gewinnt aber ein anderer Mitspieler eines der folgenden Löcher, geht das Anwartschaftsrecht auf diesen Spieler über, der dann seinerseits die Möglichkeit hat, das Kaninchen an den folgenden Löchern endgültig zu schnappen.

2. Variante:

Das Kaninchen bleibt so lange vor dem Loch, bis der anwartschaftsberechtigte Spieler nicht allein gegen die Mitspieler ein Loch verliert. Geschieht letzteres, hüpft das Kaninchen ins Loch zurück. Erst dann hat wieder ein anderer Mitspieler die Möglichkeit, mit einem alleinigen Lochgewinn das Kaninchen aus dem Bau zu holen und sich selbst ein Anwartschaftsrecht zu sichern.

Beide Varianten des Kaninchen II machen großen Spaß. Bei der zweiten Variante ist es allerdings etwas schwieriger, ein Kaninchen zu jagen, wenn einer der Mitspieler bereits so glücklich gewesen ist, das Kaninchen ins Freie zu locken. Alle Kaninchen-Varianten sind gruppendynamisch sehr interessant. Es wird immer gegen einen Front gemacht, egal ob man einen Dreiball oder einen Vierball spielt. Selbstverständlich können auch Kaninchen in einem Zweier-Flight gespielt werden, haben aber dann nicht den Reiz eines Spiels „Einer gegen Alle".

KICKER/DO IT AGAIN

Hier werden zwei Varianten vorgestellt, die darauf basieren, dass Schläge wiederholt werden *dürfen* oder wiederholt werden *müssen.*

Man sollte sich zu dieser Form golferischer Auseinandersetzungen bitte nicht an Tagen entschließen, an denen der Platz überfüllt ist. Die häufige Wiederholung von Schlägen verlangsamt das Tempo, so dass man möglichst hinter sich keine Partie haben sollte.

(a) Beim *KICKER* erhält man – ohne Rücksicht auf die Vorgabe – die Möglichkeit, *bei jedem Loch einen Schlag* (Putts ausgenommen) zu wiederholen. Zur Wiederholung muss man sich noch an der Stelle entscheiden, an der man den zu wiederholenden Schlag gemacht hat. Der zweite Schlag zählt.

Das Ganze kann man nun auch auf das Handicap abstimmen: Der beste Spieler im Flight erhält keinen Wiederholungsschlag, die anderen erhalten als „Vorrat" jeweils die Anzahl von Wiederholungsschlägen, die der jeweiligen Handicapdifferenz zum besten Spieler entspricht.

Die Spieler können selbst entscheiden, welcher Schlag (einschließlich Putt) wiederholt wird. Man kann weiter vereinbaren, dass entweder nur jeweils der zweite Schlag zählt oder es alternativ dem Spieler überlassen, den seiner Meinung nach besser liegenden Ball zu wählen.

Es ist dabei unerheblich, ob ein Spieler seinen Vorrat aufbraucht oder nicht. Wenn der Vorrat aufgebraucht ist, gibt es keinen Wiederholungsschlag mehr. Es heißt also haushalten.

(b) Beim *DO IT AGAIN* wird genauso verfahren wie bei (a), allerdings mit einem ganz kleinen Unterschied in der Endphase: Wenn ein Spieler von seinem Vorrat auf den letzten beiden Löchern (alternativ: auf dem letzten Loch) noch Schläge übrig hat, bestimmen der oder die Gegner, welcher oder welche Schläge zu wiederholen sind. Es zählt dann nur der wiederholte Schlag.

Wer also recht gut spielt und daher seinen Vorrat nicht aufzehrt und außerdem noch den letzten 8-Meter-Putt einlocht, muss sich darauf gefasst machen, dass seine Gegner schadenfroh im Chor verlangen: „Do it again . . ."

Er wird den Putt vorbeischieben.

KILOMETER-WETTE

Mitunter im Englischen auch als „Long Holes" bekannt, geht es bei dieser Spielart darum, möglichst viele Meter oder Yards einzuheimsen. Das klingt für den traditionsbewussten Golfer verblüffend, ist aber ganz einfach.

Wer jeweils im Zweier-, Dreier- oder Vierer-Flight oder auch in größeren Gruppen ein Loch für sich allein entscheidet, erhält nicht den Gewinn des Loches gutgeschrieben, sondern dessen auf der Score-Karte angegebene Länge. Ein Beispiel: Wer das Road-Hole in St. Andrews (17. Loch Par 4, 461 yards) allein (netto) gewinnt, bekommt 461 yards gutgeschrieben. Das ist für ein Par 4 ziemlich viel, oder?

NUN KANN MAN VARIIEREN:

Wer als erster einen Kilometer, eine Meile, zwei Kilometer oder zwei Meilen usw. erreicht, gewinnt die Wette. Je größer die Teilnehmerzahl ist, desto niedriger muss die zum Gewinn erforderliche Länge festgelegt werden.

Man muss diese ungewöhnliche Wette einmal versucht haben, um auf den Geschmack zu kommen. Merke: Die Longhitter haben keine Vorteile, es geht um den Lochgewinn und nicht um die Länge der Schläge.

KLASSISCHER VIERER – MATCHPLAY

Hin und wieder auch bei offiziellen Turnieren gespielt, ist diese Form etwas für ausgeglichene Partien mit wenig Zeit und freier Bahn vor sich. Für Greenhorns: Beim klassischen Vierer spielt das Zweierteam jeweils nur einen Ball. Geschlagen wird abwechselnd vom Abschlag ins Loch. Unabhängig davon, wer eingelocht hat, schlägt ein Spieler des Teams an allen ungeraden, der andere an allen geraden Löchern ab.

Wie bei einem Single-Match wird um den Lochgewinn gespielt, je nach Vereinbarung mit oder ohne Vorgabe. Zugegeben: Man hat zwar nicht viel von seinem eigenen Spiel, aber man kommt sehr schnell über die Runde. Wer mehr als zweieinhalb Stunden für die 18 Löcher braucht, müsste wegen ungebührlicher Spielverzögerung bestraft werden. Alles in allem aber trotzdem eine gute Übung und eine Möglichkeit, an nasskalten und stürmischen Tagen ein spannendes Match über die volle Distanz zu bringen. Man kann sich dann noch gemütlich ein bis zwei Stunden im Clubhaus aufhalten, ohne mit der Familie Ärger zu bekommen: Man hat ja nur 18 Löcher gespielt, für die man bekanntlich vier Stunden ansetzt. An dieses Zeitmaß sind Frau und Kinder gewöhnt, also lassen wir es dabei, auch wenn wir für das 19. Loch eineinhalb Stunden benötigen.

KOPENHAGENER

Auch hierbei handelt es sich um ein reines Dreiball-Spiel, das – niemand weiß warum – von den Dänen und insbesondere von den Golfern in Kopenhagen „Amerikaner" genannt wird.

An jedem Loch kommen jeweils
sechs Punkte zur Verteilung wie folgt:

- Vier Punkte für den Bestball, zwei Punkte für den zweitbesten Ball und null Punkte für den schlechtesten Ball.
- Teilen sich zwei Spieler den Bestball, erhalten beide jeweils drei Punkte, der Schlechtestball erhält nichts.
- Teilen sich zwei Spieler den Schlechtestball, erhält der Bestball vier Punkte, die beiden Spieler mit dem geteilten Schlechtestball erhalten je einen Punkt.

Die Verteilung ist also entweder 4-2-0 oder 3-3-0 oder 4-1-1, so dass immer sechs Punkte vergeben werden.

Um das Ganze leichter rechnen zu können, empfiehlt es sich, nach jedem Loch auf Null zu kürzen, so dass der Spieler mit der geringsten Punktezahl immer auf Null steht und die beiden anderen entsprechend „reduziert" werden. Man kann dann ohne Score-Karte auskommen.

Gespielt wird entweder mit vollem Handicap, wobei die Schläge an den einzelnen Löchern genommen werden wie sie kommen. Es kann aber auch der niedrigste Mann auf Null gesetzt und die Differenz der beiden anderen Handicaps auf die einzelnen Löcher entsprechend den Platzvorgaben verteilt werden.

SECHS-SECHS-SECHS I

Hier geht es nicht um eine besondere Wette, sondern um Fragen der Partnerschaft: Alte Hasen wissen sofort, was gemeint ist, wenn ein Mitspieler auf dem ersten Tee ohne Vorwarnung und Einleitung einfach nur fragt: „Sechs-sechs-sechs?" und dabei nicht nur die Augenbrauen nach oben zieht, sondern auch sogleich vier Bälle in die Luft wirft.

Die hinter dieser magischen Formulierung stehende mathematische Überlegung ist ganz einfach: Ein Vierer-Flight, welcher beabsichtigt, 18 Löcher zu spielen und wechselndem gesellschaftlichem und partnerschaftlichem Umgang den Vorzug vor eintöniger Partnerschaftsmuffelei gibt, entscheidet sich für folgende Lösung.

Jeweils nach sechs gespielten Löchern wechseln die Partner, so dass bei einem Vierer-Flight jeder einmal mit jedem ein Team bilden kann. Wer zusammenspielt, wird nach traditionellen Methoden ermittelt (längster und kürzester Drive, Bälle werfen, zweimaliges Hochwerfen eines Tees: Es spielen die beiden zusammen, auf die jeweils die Spitze gezeigt hat).

Man kann dabei alle Team-Varianten durchspielen oder auch einen individuellen Gesamtpreis nach folgender Formel aussetzen: Die beiden Partner des ihre sechs Löcher gewinnenden Teams erhalten jeweils zwei Punkte. Wird geteilt, erhält jeder Spieler einen Punkt, die Verlierer erhalten jeweils null Punkte. Der Spieler mit den meisten Punkten nach 18 Löchern gewinnt.

Man kann auch variieren: Wird Bestball-Schlechtestball, Bestball-Aggregat oder Bestball-Schlechtestball-Aggregat gespielt, kann jeder Spieler sich für die im Team erspielten Punkte anschreiben. Auch hier gewinnt natürlich der Spieler, der nach 18 Löchern die meisten Punkte gesammelt hat.

SECHS-SECHS-SECHS II

Wiederum werden die 18 Löcher in drei Sektionen unterteilt. Die anfänglich ausgelosten Partner bleiben jedoch über die volle Runde zusammen. Statt dessen wird unterschiedlich gespielt:

- Löcher 1–6:   Vierer mit Auswahldrive (greensome)
- Löcher 7–12: Vierball-Bestball
- Löcher 13–18: Klassischer Vierer

Obwohl hier nur ein Matchplay sinnvoll ist, bringt diese selten gespielte „Dreierkombination" sehr viel Abwechslung und Spielfreude, gerade dann, wenn jeweils ein guter und schlechter Spieler ein Team bilden.

SKINS

Die einfache Definition für Skin-Spiele lautet: Wer ein Loch allein für sich entscheidet, gewinnt eine Einheit.

DA DIESE REGEL ZU EINFACH IST, GIBT ES ZUM GLÜCK ZAHLREICHE VARIANTEN, NÄMLICH:

(a) Innerhalb eines Flights gespielt, kann eine Skin-Wette entweder als alleiniger Austragungsmodus oder als Zusatzspiel laufen. Der Gewinner des Skins (man kann Brutto oder Netto vereinbaren, je nach Spielstärken der Mitspieler) bekommt die dafür vereinbarte Einheit.

(b) Spannender sind Skins mit vereinbartem Carry-Over: Fällt kein Skin, bleibt die Einheit stehen und wird beim nächsten Loch mit ausgespielt. Fällt auch an diesem Loch kein Skin, bleiben zwei Einheiten stehen und werden vorgetragen auf das nächste Loch usw., bis ein Skin fällt. Dann geht es wieder von vorn los.

(c) Noch drastischer sind Skins mit Carry-Over und Verdoppelung der Einheit: Die Einsätze wachsen hier nicht linear wie bei (b), sondern im Quadrat, solange die Löcher geteilt werden.

(d) Reizvoll sind Skins auch dann, wenn größere Gruppen teilnehmen. Es werden dann zwar weit seltener Skins erzielt, weil die Wahrscheinlichkeit zunimmt, dass mindestens zwei Spieler sich den Bestball teilen. Andererseits kommen aber satte Gewinntöpfe zusammen, wenn zum Beispiel einer von zwanzig Teilnehmern den Bestball reklamieren kann.

Bei grösseren Gruppen gibt es noch zwei interessante Varianten:

- Skins werden nur an bestimmten Löchern gewertet, die vorher vereinbart werden (beliebt sind das 9. und das 18. Loch). Alle anderen Löcher scheiden dann für die Skin-Wertung aus.
- Eine gewisse Verwandtschaft zum russischen Roulette haben die *blinden Skins:* Die Löcher für die Skin-Wertung (es kann ein Loch sein, es können aber auch zwei, drei oder mehr Löcher sein) werden ausgelost, am besten von einem unbeteiligten Dritten. Der Barkeeper des Clubhauses wird gern behilflich sein und auf die mit Trinkgeld versehene Bitte hin zum Beispiel drei Zahlen zwischen 1 und 18 nennen, natürlich erst *nach* der Runde . . .

SUNNINGDALE

Wer sich nicht um das Handicap kümmern und trotzdem ein spannendes Matchplay (Mann gegen Mann oder Teams gegeneinander) spielen will, sollte es mit dieser Variante versuchen:

Wer zwei „auf" (d.h. also mit zwei gewonnenen Löchern in Vorsprung gegangen) ist, hat seinem Gegner (bzw. dem anderen Team) an den folgenden Löchern jeweils einen Schlag vorzugeben, und zwar solange er zwei oder mehr aufbleibt.

Nach diesem Prinzip sind natürlich auch noch andere Varianten denkbar. Sind z.B. die Spielstärken sehr unterschiedlich, kann man die Vorgabepflicht auch schon dann eintreten lassen, wenn der bessere Spieler nur mit einem Lochgewinn führt.

SWEEPSTAKES

Nur wer eiserne Nerven hat,
kann hier widerstehen:

Jeder hat wohl schon als großes oder kleines Kind Monopoly gespielt, sich vielleicht auch schon an den ernsteren und härteren Drogen wie Aktienspekulationen, Optionshandel oder Warentermingeschäften versucht. Wem das alles suspekt ist, der sollte auch von Sweepstakes die Finger lassen, wenn er es kann . . .

Aufbereitet werden Sweepstakes möglichst im Rahmen einer gesellschaftlichen Veranstaltung am Abend vor dem Spiel. Beteiligt sein sollten mindestens sechs, möglichst aber nicht mehr als zwanzig aktive Spielerinnen oder Spieler. Da auch nicht aktive Teilnehmer setzen können, kann der gesellschaftliche Rahmen weit größer sein.
Auf einen Nenner gebracht: Die Teilnehmer des Wettspiels können „gekauft" werden, die jeweils bezahlten Kaufpreise wandern in einen Topf, dieser Topf wird an die Käufer und „Besitzer" der besten drei Teilnehmer verteilt, und zwar abgestuft nach deren Plazierung.
Man benötigt dazu einen Buchmacher, der vor allem auch das Talent eines Auktionators mitbringt. Er hat die Aufgabe, die Spieler kurz vorzustellen (eine witzig aufbereitete „List of Merits" kann bestimmt nicht schaden) und zu „versteigern". Jeder kann mitbieten, ob er selbst mitspielt oder auch nur das Geschehen beobach-

tet. Der Versteigerungserlös wandert in den Gewinntopf.

Findet sich kein Bieter, kann der zur Versteigerung anstehende Spieler sich selbst kaufen.

Man kann selbstverständlich einen Aufrufpreis (als Mindestgebot) festsetzen, nach oben hin sind keine Grenzen gesetzt.

Es sollte eigentlich nicht vorkommen, dass ein Spieler keinen Bieter – nicht einmal sich selbst – findet. Es liegt am Geschick des Auktionators bzw. Buchmachers, auch einen krassen Außenseiter wenigstens zum Mindestgebot loszuschlagen.

Nun kommt eine wichtige Besonderheit:

Ein versteigerter Spieler hat das Recht (aber nicht die Pflicht), die Hälfte des für ihn erzielten Versteigerungserlöses ebenfalls in den Topf einzubezahlen: Tut er dies, partizipiert er zur Hälfte an der Gewinnchance seines „Besitzers".

Sind alle Spieler versteigert, dürfte sich ein recht ansehnlicher „Topf" angesammelt haben. Je nach Zahl der Teilnehmer wird man auf den Sieg, zusätzlich auf die Plätze zwei oder drei Gewinnausschüttungen vornehmen. Bei geringer Teilnehmerzahl kann man sich darauf beschränken, nur dem Käufer des Siegers (und dem Sieger selbst zu fünfzig Prozent, wenn er sich eingekauft hat) den gesamten Topf zu überlassen. Schüttet man zwei Preise aus, werden auf den Sieger siebzig Prozent, auf den Zweiten dreißig Prozent entfallen. Schüttet man drei Preise aus, wird man auf den Sieger sechzig Prozent, auf den Zweiten dreißig Prozent und auf den Dritten zehn Prozent zahlen. Sinngemäß kann man natürlich dann verfahren, wenn mehr als drei Gewinnausschüttungen vereinbart werden.

Gespielt wird nun nach Zusammensetzung des Feldes entweder ein Zählwettspiel mit voller Vorgabe oder ein Stableford.

Eine besonders pfiffige Variante kann man bringen, wenn über mehrere Tage oder über mehrere Runden gespielt wird: Für diesen Fall kann vorgesehen werden, dass die jeweiligen „Besitzer" die von ihnen ersteigerten Spieler nach jeder Runde entweder erneut zu einer Versteigerung freigeben mit der Folge, dass die dann erzielten Erlöse ebenfalls in den Topf wandern und diesen beträchtlich anschwellen lassen.

Oder man kann auch vereinbaren, dass jeder Ersteigerer nach jeweils einer Runde berechtigt ist, seinen Spieler „freihändig" zu verkaufen.

Schließlich kann man vereinbaren, dass die Spieler zwar „freihändig" verkauft werden dürfen, dass jeweils aber ein bestimmter Prozentsatz des dann ausgehandelten Kaufpreises (z. B. zehn Prozent) wiederum als eine Art „Abgabe" in den Gewinntopf bezahlt werden müssen. Gerade diese letzte Variante lässt sich sehr gut im Rahmen eines „geselligen Beisammenseins" zu einem witzigen Höhepunkt des Abends ausbauen. Ganz abgesehen von der „Preisverleihung".

Wie schon gesagt: Hut ab vor dem, der an einem solchen Abend nicht der Versuchung anheimfällt, ein Spielchen zu machen ...

Ich habe nicht geprüft, ob die Gewinner eines Sweepstakes-Turnieres ihren Amateurstatus verletzen. Vielleicht macht sich auch schon strafbar, wer nur versucht, hier einen Gewinn zu ergattern. Womöglich bin ich ein strafbarer Anstifter. Das mag jeder mit sich selbst oder mit dem zuständigen Golfverband ausmachen. Ich halte mich aus dieser Diskussion heraus und steuere den Tipp bei, die Gewinne von vornherein einem Heim für alkoholkranke Caddies oder einer anderen gemeinnützigen Einrichtung zu stiften. Dann kann wohl nichts sein, oder?

UP AND DOWN

Diese ungewöhnliche Form eines Matchplays wird auch *SCRAMBLERS'S DELIGHT* genannt. Ein Loch gewinnt nur, wer das Green *nicht* „in regulation" (also in der idealen vorgesehenen Schlagzahl, bei Par-3-Löchern wäre das mit einem, bei Par-4-Löchern mit zwei, bei Par-5-Löchern mit drei Schlägen) trifft, dann aber entweder einchippt oder nicht mehr als zwei weitere Schläge ins Loch benötigt (z. B. einen Bunkerschlag aus einem Greenbunker und einen Putt oder einen langen Approach und einen Putt usw.).

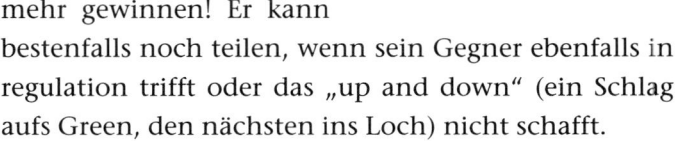

Wer das Green in regulation trifft, kann das Loch nicht mehr gewinnen! Er kann bestenfalls noch teilen, wenn sein Gegner ebenfalls in regulation trifft oder das „up and down" (ein Schlag aufs Green, den nächsten ins Loch) nicht schafft.

Bestens geeignet ist das Ganze für eine lockere Übungsrunde, bei der größtes Gewicht auf präzises Spiel gelegt wird. Alle „üblichen" Bemühungen, möglichst in der regulären Schlagzahl auf das Green zu gelangen, werden in ihr Gegenteil verkehrt. Will man ein Loch gewinnen, muss man den Annäherungsschlag neben oder vor das Green auf eine Stelle platzieren, von der man meint, das „up and down" zu schaffen. Für manche ändert sich allerdings wenig: Wie oft zielt man aufs Green, liegt aber dann doch kurz!

Wegen seiner Besonderheiten ist dieses Lochwettspiel in erster Linie für etwa gleichstarke Spieler geeignet, die sich wechselseitig nichts vorgeben müssen.

Man kann natürlich auch auf Nettobasis mit der Maßgabe spielen, dass die Schläge genommen werden, wie sie nach der Vorgabeverteilung des Platzes kommen. Hat ein Spieler an einem Loch einen vor, hätte er für den regulären Greentreff einen Schlag mehr. Beispiel: Hat ein Spieler bei einem Par-4-Loch einen Schlag vor, könnte er das Loch nur gewinnen, wenn er mit seinem dritten Schlag *nicht* auf dem Green liegt, gleichwohl aber dann eine 5 (= netto Par) oder eine 4 (von außen eingechippte 4 = netto Birdie) spielt.

Man glaubt es kaum: Hat man „up and down" eine Zeitlang bewusst gespielt, kommt man mit den „regulären" Runden viel besser zurecht!

VIERBALL BESTBALL

Eines der wenigen „offiziellen" Spiele, die hier beschrieben sind. Jeder vernünftige Club wird in seinem Turnierkalender einige Vierball-Bestball-Turniere ausgeschrieben haben.

Gespielt wird im Zwei-Mann-Team. Beide Partner spielen jeweils ihren eigenen Ball. Beide Ergebnisse werden aufgeschrieben, letztlich zählt jedoch nur das bessere von beiden.

In Club-Turnieren wird regelmäßig über 18 Löcher gespielt, wobei es eine Brutto-Wertung und eine Netto-Wertung gibt. Mit den Berechnungsschlüsseln für die Nettowertung wollen wir uns hier nicht aufhalten. Vierball Bestball ist für uns unter folgenden Gesichtspunkten interessant:

- *Matchplay*

  Zwei Teams spielen gegeneinander um Löcher, wobei über den Lochgewinn jeweils nur der Bestball (also der bessere Ball des Teams) entscheidet. Sind die beiden gegeneinander spielenden Teams in etwa ausgeglichen (A, hcp 11, spielt mit B, hcp 26, gegen C, hcp 13, und D, hcp 22), kann „offen", d.h. ohne Berücksichtigung der Vorgabe, auf Brutto-Basis gespielt werden. Sind die Unterschiede der beiden Team-Vorgaben wesentlich, sollte so verfahren werden, wie im Kapitel Vorgabeverteilung unter Ziffer 4a oder b beschrieben.

- *Nassau auf Vierball-Bestball-Basis:*
  Nassau ist letztlich nichts anderes als ein Matchplay mit mehreren Unterteilungen (die ersten 9 Löcher, die zweiten 9 Löcher und die vollen 18 Löcher). Lässt sich natürlich auch – und zwar sehr angenehm – auf Bestball-Basis spielen. Nähere Einzelheiten siehe dort.

- *Honey Pot:*
  Selbstverständlich kann bei größeren Gruppen und in Kombination mit beispielsweise einem individuellen Match innerhalb des Flights auch ein Honey Pot auf Vierball-Bestball-Basis ausgespielt werden.

Unternimmt eine größere Gruppe eine Golf-Reise, ist nach einem Trainingstag ein Vierball-Bestball Wettbewerb der ideale Auftakt: Die guten Spieler können zeigen, wo ihre Stärken liegen, ohne dass einige Ausrutscher zu Katastrophen führen, die schwächeren Spieler können sich anwärmen und mit Freude beobachten, dass die ihnen zugelosten besseren Partner auch nur mit Wasser kochen.

Kopfzerbrechen herrscht auch heute noch darüber, warum diese Team-Spiele *Vierball*-Bestball (genauso wie klassischer *Vierer* oder *Vierer* mit Auswahl-Drive) heißen, obwohl die Teams nur aus zwei Mann bestehen. Hier liegt eine Fülle von Arbeit für die Damen und Herren der Regelkomitees nationaler und internationaler Golfverbände, da muss schleunigst etwas getan werden . . .

WHISKEY GOLF

Auch ich gehöre zu den Menschen, die täglich joggen, sich überwiegend ballaststoffreich von Joghurt und Müsli ernähren, zwanzig Mineralwassersorten nicht nur beim Namen nennen, sondern auch nach Lage, Jahrgang und Blume beurteilen können. Ich fahre ein Auto mit Katalysator, werfe keine Kippen weg (weil ich gar nicht rauche), denke nachts an das Wald- und Fischesterben und verachte Zigaretten- und Alkoholwerbung in Jugendzeitschriften. Keiner soll mir vorhalten können, dass ich nicht körper- und umweltbewusst lebe. Und trotzdem: Ich muss bekennen, dass ich einmal jährlich – natürlich nur als Gast – an einem privaten Zocker-Turnier teilnehme, welches nach recht eigenartigen Regeln verläuft und den Namen „Groggy Cup" trägt. Vielleicht hat die Eigenart der Regeln damit zu tun, dass dieses Turnier in Skandinavien ausgetragen wird. Die etwa 16 bis 20 Teilnehmer sind Menschen wie ich, einer davon spielte früher in der schwedischen Nationalmannschaft. Soviel der Rechtfertigung. Nun zu den Regeln:

Gespielt wird über 36 Löcher nach Stableford, natürlich laufen zahlreiche Wetten mit. Nach 18 Löchern wird – an einer großen Tafel – ein gemeinsames Essen eingenommen. Und da liegt der Hund begraben: Zum Essen gibt es Bier und Schnaps. Jeder bekommt sein Fett weg. Wer das Feld nach 18 Löchern anführt, kriegt es gleich doppelt, und zwar in Form von Schnaps. Klar, dass nach dem Essen zum Kaffee noch ein Cognac gereicht wird, für den Leader gleich wieder doppelt. Kneifen gilt nicht. Und dann geht's auf die zweite Runde.

Bitte erzählen Sie das niemandem weiter!

ZWEI GEGEN EINEN

EIN REINES DREIBALL-SPIEL ÜBER 18 LÖCHER, ABER WOHL DAS SPANNENDSTE:

Jeder der drei Spieler hat jeweils 6 Löcher lang allein gegen die beiden anderen zu spielen, und zwar gegen deren Bestball (jeweils netto) nach Matchplay-Regeln mit folgenden Besonderheiten:
- Hat der allein kämpfende Spieler an einem Loch ein niedrigeres Nettoergebnis als das bessere seiner beiden Gegner, erhält er für den Lochgewinn zwei *Punkte*.
- Teilt er mit dem besseren Ball seiner beiden Gegner, erhält niemand einen Punkt.
- Haben die im Team spielenden Gegner den alleinigen Bestball, erhalten sie *jeweils einen Punkt*.

Theoretisch ist es also möglich, dass der allein antretende Spieler auf seinen sechs Löchern zwölf Punkte macht, wohingegen die beiden Gegner auf diesen Löchern jeweils nur sechs Punkte machen können.

Nach jeweils sechs Löchern wird gewechselt, so dass jeder der drei Mitspieler sechs Löcher lang allein gegen die beiden anderen zu spielen hat.

EXTRAPUNKTE UND SIDE GAMES

Spiele im Spiel (Side Games), Specials oder Bids – also Extrapunkte für besonders gute oder besonders schlechte Schläge oder Resultate – sollte man sich auf keiner Runde entgehen lassen, aber bitte nicht gleich übertreiben: Wenn zu viele Wetten laufen, ist das ganz ähnlich wie mit der versalzenen Suppe oder den vielen Köchen, die bekanntlich den Brei usw. . . .

Damit ich es nicht vergesse: Man kann auch ein ganz „normales" Zählwettspiel vereinbaren und trotzdem – oder gerade dann – mit Extrapunkten (als „Side Game") genüsslich „spielen" und vielleicht auch hervorragend scoren. Wie der große Peter Dobereiner einmal – wenn auch etwas herablassend – in einem Artikel geschrieben hat, führt der Kampf um Extrapunkte manchmal unverhofft zu einem niedrigen Score:

Wer für einen Sandy einen Extradrink auf seinem Konto verbuchen kann, wird alles daran setzen, den 5-Meter-Putt nach einem Bunkerschlag zu lochen. Wer hingegen nur an seinen Score denkt, der wird. . . Sie wissen schon.

Wer Angst hat, die Schlange („Snake", siehe dort) bis zum letzten Loch mitzuziehen, wird mit ganz verblüffendem Erfolg allen Dreiputts ausweichen, wer „Fairways and Greens" spielt, wird erstaunt feststellen, dass auch der Heimatplatz trotz aller gegenteiligen Erfahrungen sichere Fairways und breite Greens hat. Wer schließlich einem Birdie ein Par hat folgen lassen, wird alles daran setzen, gleich noch ein weiteres Par aufschreiben zu können, um den immer heiß umkämpften Extrapunkt für „Birdie Birdie Bogey" einzuheimsen.

Das Tröstliche:

Auch wer eine Runde vermurkst, kann sich Ansehen und einen Wettgewinn erhalten, wenn er nur einige Specials oder Extrapunkte für sich entscheidet.
Der Mitspieler mit dem besten Score des Tages wird dies kaum als ehrabschneiderisch empfinden. Auch er kennt den so häufig ausgetragenen Kampf auf magerer Talsohle, wenn es gilt, die Hundert gerade noch zu brechen. Wer in einem solchen Kampf aus vielen Wunden blutet, nimmt dankbar und bescheiden das Labsal an, wenigstens noch für ein „Sandy" und zwei eigentlich unverdiente und auch unverhoffte „Skins" zu kassieren.
Alles in allem: In einem ordentlichen Game dürfen Specials ebensowenig fehlen wie das Salz in der Suppe oder die Olive im Martini-Cocktail.
Bis auf die Extrapunkte für Ursula, Snake, Walk-Walk, Shorty und Last-In können die hier beschriebenen „Spiele im Spiel", Side Games oder Extrapunkte unabhängig von der Teilnehmerzahl ausgeschrieben werden. Wichtig ist nur, dass sie auf den Score-Karten jeweils gesondert vermerkt werden.

Ursula, Snake, Walk-Walk, Shorty und Last-In können nur innerhalb eines Flights (also bei einem Zweiball, Dreiball oder einem Vierball) vereinbart werden.

Man kann für besonders gelungene Aktionen Pluspunkte vereinbaren, für Ausrutscher hingegen Minuspunkte. Die (Wett-)Einheiten für die jeweiligen Punkte müssen natürlich gesondert vereinbart werden; sie sollten je nach Schwierigkeitsgrad hoch oder niedrig angesetzt werden. Selbstverständlich sollte eine Einheit für einen Extrapunkt oder ein Side Game regelmäßig niedriger angesetzt sein als die Einheit für die „Hauptwette".

Nun zu den einzelnen Varianten.

BIRDIE-BIRDIE-BOGEY

Das ist etwas für nervenstarke und konstante Spieler der gehobenen Spielklasse, allerdings nicht nur für einstellige Spieler, sondern etwa bis zu Handicap 15. Eine Einheit gewinnt der Spieler, der an drei aufeinander folgenden Löchern *insgesamt* eins unter Par spielt. Wie die Scores an den einzelnen Löchern aussehen ist egal.
Wie der Name der Wette sagt, punktet man z. B. dann, wenn man zwei aufeinander folgenden Birdies einen Bogey folgen lässt. Jedwede andere Variation ist aber ebenso zulässig, wie z. B. Par-Par-Birdie oder Birdie-Bogey-Birdie oder Par-Birdie-Par usw.
Das Ganze ist wiederum nur reizvoll, wenn es brutto (also ohne Vorgabe) ausgespielt wird.
Oft passiert es, dass man auf der Jagd nach diesem begehrten Extrapunkt vier oder fünf Löcher hintereinander mit höchster Konzentration Par spielt, ohne das notwendige Birdie zu erzielen. Hat man zwei Pars in Reihenfolge gespielt, erhält man sich die Option auf den Punkt. Der Bann ist allerdings dann gebrochen, wenn ein Doublebogey folgt.
Für extreme Spieler noch ein heißer Tipp: Man kann diesen Extrapunkt auch dadurch erzielen, dass man einem Doublebogey ganz locker ein Birdie und einen Eagle folgen lässt: Auch dies gibt per Saldo ein Ergebnis von eins unter Par für drei Löcher . . .

BRUTTOBIRDIE

Für uns Amateure ist ein Birdie immer etwas Besonderes, so dass es einen Extrapunkt verdient. Allerdings sollten Bruttobirdie-Wetten wiederum nur zwischen etwa gleich starken Partnern vereinbart werden. Wie hoch die Handicaps sind ist egal: Man kann eine Bruttobirdiewette auch zwischen lauter 36igern vereinbaren. Fraglich ist nur, ob dann überhaupt ein Birdie fällt. Nicht gebräuchlich ist es, für Netto-Birdies Extrapunkte auszuwerfen.

COFFEE BALL

Auch eine zusätzliche „Minuswette", die es ermöglicht, eine an allen 9. und 18. Löchern drängende Frage zu beantworten: Wer bezahlt die Erfrischungen am Half-Way-House oder am 19. Loch? (Aha – daher Coffee Ball.)

Die Antwort ist leicht und entscheidet sich beim Putten auf dem 9. oder 18. Green: Unter strenger Beachtung der Reihenfolge wird ausgeputtet, wobei auch ganz kurze Putts nicht geschenkt werden dürfen. Auch wer am Lochrand hängt, hat seinen Ball zu markieren und zu warten, bis er wieder an die Reihe kommt.

Verlierer ist nämlich, wer als letzter einlocht (Last In). Auf Golfplätzen gelten andere Gesetze, besonders eines: Abgeschirmt von der rauhen Außenwelt und schnödem Streben nach Macht und Besitz, gibt sich der Golfer hemmungslos der kindlichen Freude hin, eine Tasse lauwarmen Kaffees spendiert zu bekommen. Es gibt nichts, was besser schmeckt. Umgekehrt kaut der Verlierer zerknirscht am Sauerteig, den ihm das irdische Jammertal bereitet hat, er versteht die Welt nicht mehr . . . Bis zum nächsten Loch.

DREI ZU ZWEI

Diese Zusatzwette (side bet oder call bet, letzteres drückt aus, dass diese Wette auf „Zuruf" angeboten wird) befasst sich wieder mit dem Putten.
Im Englischen wird diese Wette auch „32" (thirtytwo) genannt.
Sie kann einem Mitspieler angeboten werden, der auf dem Green liegt und noch nicht geputtet hat. Wer sie anbietet, vertraut darauf, dass sein Gegner (mindestens) drei Putts benötigt. Der Gegner kann die Wette entweder ablehnen (dann passiert nichts) oder annehmen.
Wenn er sie annimmt und drei oder mehr Putts benötigt, erhält der Herausforderer zwei Einheiten. Wer die Wette hingegen gewinnt, erhält gegenüber dem Herausforderer drei Einheiten (aha: daher thirtytwo!).

Diese unterschiedlichen Quoten sollen den herausgeforderten Spieler dazu verleiten, die Wette anzunehmen. Er hat statistisch wohl eine Chance von 50:50, dass er nur einen oder zwei Putts benötigt und kann dennoch mit einer Wettquote von 3:2 spekulieren. Oder ist das nur Theorie, weil der Herausforderer natürlich aus taktischen Gründen immer nur dann eine 32er-Wette anbietet, wenn sein Gegner in höchst delikater Lage auf dem Green liegt oder nach dem fünften Dreiputt – schon völlig genervt ist? Die Verwandtschaft dieser Wette zu Walk Walk ist nicht zu verkennen. Der Unterschied besteht letztlich nur darin, dass die Wettquote den Spieler gegenüber dem Herausforderer begünstigt.

FERRET

Oft kommt es ja nicht vor, dass jemand von außerhalb des Greens einlocht. Spielt er dann auch noch Par oder besser, winkt als Belohnung – wenn man sich vorher auf eine Ferret-Zusatzwette geeinigt hat – eine verdiente zusätzliche Wetteinheit.

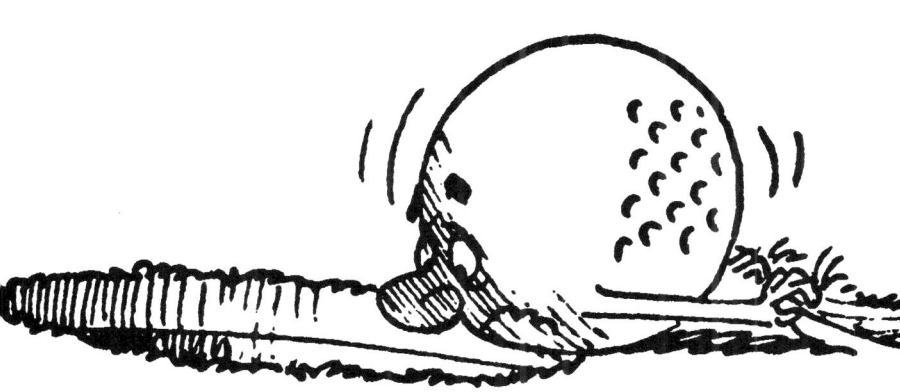

GREENIE

Belohnt wird hier der Spieler, der mit seinem Ball in der regulären Schlagzahl auf dem Green liegt (egal, ob es sich um ein Par 3, Par 4 oder Par 5-Loch handelt). Es sind hier *drei Varianten* denkbar:
- Einen Greeniepunkt erhält schon der, der in regulärer Schlagzahl auf dem Green liegt.
- Punkten kann nur, wer das Green regulär trifft und Par, Birdie (oder Eagle!) spielt.
- Auch hier kann umgekehrt ein Strafpunkt für den vereinbart werden, der trotz erspielter Greenieoption das Par vorbeizittert.

Wichtig:
Greenies sollten nur zwischen Spielern von annähernd gleicher Spielstärke vereinbart werden.

NESSIE

Bei diesen Extrapunkten hat das allseits bekannte Seeungeheuer seine mit widerwärtigen Schwimmhäuten unterstützten Klauen und den furchterregenden Rachen im Spiel:

Einen Extrapunkt verdient, wer dieses Ungeheuer bezwingt und trotz eines in einem Wasserhindernis verlorenen Balles ein Netto-Par erstreitet.

Sollte man sich auf diese Wette einigen, ist es ratsam, die Score-Karte vorher zu studieren. Es soll ja auch trockene Plätze ohne ein einziges Wasserhindernis geben...

PROGRESSIVE BIRDIE

Geeignet ist diese Zusatzwette für Zweier-, Dreier- und Vierer-Flights. Es ist zweckmäßig, den Spieler mit dem niedrigsten Handicap auf Null zu setzen und die sich danach ergebenden Schläge der anderen Spieler entsprechend der Vorgabeverteilung zu verteilen.

Die erste Einheit wird von dem Spieler gewonnen, der *allein* ein Netto-Birdie erzielt.

Danach wird die Einheit verdoppelt, so dass der Gewinner des nächsten Netto-Birdies zwei Einheiten gewinnt. Danach, bzw. nach jedem weiteren Birdie, wird wieder verdoppelt. Bis man sich zum letzten Loch durchgekämpft hat, kann – wegen des Dopplereffekts – einiges zusammenkommen. Es wird daher dringend empfohlen, die Einheiten möglichst niedrig anzusetzen.

SANDY

Wie der Name sagt, haben diese Extrapunkte etwas mit Sand zu tun. Auch hier gibt es zwei Varianten:
- Entweder wird das Par belohnt, welches trotz Bunkerschlages (egal ob Greenbunker oder Fairwaybunker) erzielt wird.
- Oder es wird nur das aus einem Greenbunker heraus erzielte Par (ein Schlag aus dem Bunker aufs Green, der nächste ins Loch) belohnt. Wer häufig um Sandies spielt, wird nicht nur seine Bunkerschläge verbessern, sondern feststellen, dass die Aussicht auf einen Extrapunkt fast magische Kräfte frei werden lässt.

Das gilt für Extrapunkte übrigens ganz allgemein: Wer – ohne auf den Score zu achten – wenigstens die Side Games für sich entscheiden will, lernt nach und nach das, was zum täglichen Brot der Profis gehört: Man muss sich (ganz gleich, was um einen herum passiert und wie viele Schläge man schon hat) auf jeden Schlag, auf jede Aktion so konzentrieren, als hinge das Spiel nur von diesem einen Schlag ab.

SHORTY

Diese für Golfer recht vielsagende Bezeichnung steht hier für den kürzesten Abschlag. Wer ihn hat, ist zwar schon gestraft genug, muss aber – wenn dies vereinbart ist – auch noch einen peinlichen Minuspunkt auf seiner Score-Karte vermerken.

Die Scharte kann natürlich gleich wieder ausgewetzt werden durch ein Sandy am nämlichen Loch. Im Golf ist bekanntlich alles möglich, Himmel und Hölle liegen dichter beieinander als anderswo.

WAS DIE RAUPE „DAS ENDE DER WELT" NENNT, NENNT DIE WELT „SCHMETTERLING".
— LAO TSE —

Die Tradition des königlichen und altehrwürdigen Spiels fordert noch weiteren Tribut: Wer mit seinem Abschlag nicht über das Damen-Tee hinauskommt, hat einen Drink zu zahlen, ganz gleich, ob man sich vorher darauf geeinigt hat oder nicht. Soll dies eine besondere Ehrerbietung oder Verunglimpfung der weiter vorn abschlagenden weiblichen Golfer sein? Für Damen gibt es eine vergleichbare Traditionsregel nicht, und das in unserem Zeitalter. Es soll ja Leute geben, die diese Drink-Regel wegen Verstoßes gegen den Gleichbehandlungsgrundsatz abschaffen wollen. Muss man dann auch die Damen-Tees abschaffen? Ich bin dafür, alles beim Alten zu lassen, ganz einfach deshalb, weil Ungleiches nicht gleich behandelt werden kann.

SNAKE

Eine treffendere Bezeichnung für diese Zusatzwette wäre Rattlesnake. Es geht nämlich um das Putten, genauer gesagt um drei Putts oder ihre Vermeidung. Vergleichbar der Nassau-Unterteilung wird gewöhnlich eine Einheit für die ersten 9 und eine weitere Einheit für die zweiten 9 Löcher ausgespielt, und zwar entweder im Zweier-, Dreier- oder im Vierer-Flight.

Wer den ersten Dreiputt erzielt, oder besser: erleidet, hält die „Schlange". Er muss sie solange behalten, bis ein anderer Spieler an einem der folgenden Greens ebenfalls drei Putts nimmt. Dieser „erlöst" ihn dann und hält die Schlange wiederum, bis er seinerseits erlöst wird.

Putten gleich mehrere auf demselben Green dreimal, bekommt die Schlange, wer in korrekter Reihenfolge als letzter einen Dreiputt beendet.

Wichtig: Die nach den Regeln vorgegebene Reihenfolge muss strikt eingehalten werden.

Interessant wird die Sache dann am 9. bzw. am 18. Green: Wer diese Greens mit der „Schlange" an der Hand verlässt, verliert den vereinbarten Einsatz an seinen oder seine Mitspieler.

Warum das Ganze Snake heißt, kann leicht erklärt werden: Jeder hat wohl schon bei einem richtigen Putt gemeint, er halte statt eines guten alten Putters eine Giftschlange mit beiden Händen, die hämisch „Yip, Yip!" zischelt.

URSULA

Sie hat viele andere Namen, z. B. Iris, teilweise auch Greenie.
Einen Extrapunkt erhält, wer bei einem Par-3-Loch
- mit seinem Abschlag auf dem Green
- und am nächsten zur Fahne liegt
- *und* Par oder Birdie spielt.

Wer also die Option auf Ursula hat, dann aber das Par vorbeischiebt, erhält nichts.

Häufig wird Ursula oder Iris nicht durch einen Extrapunkt belohnt, sondern dadurch, dass jeder Mitspieler im Flight eine Einheit an den Gewinner zu zahlen hat.

Verschärfung:

Gelingt es dem Spieler mit der Ursula-Option nicht, das Par oder Birdie zu spielen, muss er umgekehrt an seine Mitspieler im Flight jeweils die vereinbarte Einheit zahlen. Wer da nicht putten lernt!

WALK WALK

Noch eine Extrawette für Spezialisten auf dem Green, geeignet für Zweier-, Dreier- oder Vierer-Flights:
Wer seinen Ball sicher auf dem Green gelandet hat, kann von einem oder allen Mitspielern herausgefordert werden. Nimmt er die Herausforderung an, hat er sich zum Gewinn dieser Extrawette einer höchst einfachen Aufgabe zu entledigen: Es genügt, wenn er nicht mehr als zwei Putts benötigt.
Benötigt er mehr als zwei, gewinnen die den Einsatz, die ihn herausgefordert haben.

YIPS

Keine Frage: Auch wenn es sich dabei um eine Krankheit handeln mag, die während einer Runde kaum zu heilen ist und später im Clubhaus auch durch die Schilderung anderer Yip-Kranker nur geringe Linderung erfährt, nehmen harte Wetter darauf keine Rücksicht. Erbarmungslos werden Dreiputts mit einem, Vierputts mit zwei und Fünfputts (soll es mitunter schon bei der British Open gegeben haben) mit drei Minuspunkten bestraft.

Merke: Wer schlecht puttet, hat viele Freunde, mag sich aber selbst nicht.

STICHWORTVERZEICHIS

AGGREGAT: Summe der Schlagzahl eines Teams (einer Seite)

ALBATROS: Man spielt drei Schläge unter Par eines Loches. Dies ist nur bei einem Par-5-Loch möglich, da bei dieser Präzision bei kürzeren Löchern ein As fällig wäre. Konkret heißt das, man benötigt z. B. für ein Par-5-Loch nur zwei Schläge

ALL SQUARE: ist die englische Bezeichnung für Gleichstand in einem Spiel

AMATEUR: Spieler, der nicht für Geld oder Geldwert antritt

AMERIKANER: Dreiball-Spiel, bei dem pro Loch sechs Punkte verteilt werden; auch Kopenhagener genannt

APPROACH: Annäherungsversuch

ASS: Man trifft mit einem Schlag vom Abschlag ins Loch. Am 19. Loch wird das Ass mit allen auf dem Platz befindlichen Spielern gefeiert. In Amerika spricht man von einem „Ace", in England wird dieser glückliche Treffer richtiger als ein „hole in one" bezeichnet

ASSOCIATED PRESS CLUB: Ein der golferischen Subkultur angehörender Verein, der das Pressen auf sein Banner geschrieben hat

AUTOMATISCHER PRESS: Zusätzliches Spiel, das bei Zurückliegen einer Partei automatisch zu laufen beginnt

AWAY (WHO'S AWAY?): Wer spielt als Erster? Wer ist am weitesten vom Loch entfernt?

BABY: Einer der vielen Kosenamen für den Golfball („Go in, baby!" – „Hit the pin, baby!" – „Rattle the stick, baby!" usw.)

BACK NINE: ist die Bezeichnung der letzten 9 Löcher eines 18-Loch-Platzes (10–18).

BACKSPIN: Ist der Rückwärtsdrall des Balles

BÄLLEWERFEN: Am Prinzip des Zufalls orientierte Methode, die Partner für ein Team (eine Seite) zu vermitteln

BAG: Behältnis zum Transport von Golfausrüstungsgegenständen, u. a. auch Wettgewinnen

BESTBALL: 1. Bester Ball im Flight 2. Bezeichnung für eine Spielform, bei der der beste Ball punktet, entweder gegen die anderen im Flight oder gegen alle Mitbewerber (siehe auch „Skins")

BESTBALL DES ZWEIER – TEAMS (OF THE TWO SOME): Nur der bessere zählt

BESTBALL OF THE FOUR SOME: Nur der beste (von vier Bällen) punktet

BESTBALLS (TARO) OF THE FOURSOME: Die beiden besten von vier Bällen kommen in die Wertung

BESTBALL-SCHLECHTESTBALL: Lochwettspiel um zwei Punkte pro Loch

BESTBALL-SCHLECHTESTBALL-AGGREGAT: Lochwettspiel um drei Punkte pro Loch

BET: Wette, im allgemeinen Bezeichnung für das, was „mitläuft", siehe auch side bet, call bet.

BIDS: Gebote (hat nichts mit der Bibel zu tun)

BINGO BANGO BONGO (ODER BINGLE BANGLE BUNGLE): Spielform, bei der ohne Rücksicht auf das Hcp drei Punkte pro Loch vergeben werden

BIRDIE: Lochergebnis mit eins unter Par (Nettobirdie, Bruttobirdie)

BIRDIE BIRDIE BOGEY: (Zusatz-)Wettspiel, bei dem punktet, wer an drei aufeinanderfolgenden Löchern insgesamt eins unter Par liegt

BISK (BISQUE): Spielform; je nach Hcp-Differenz erhält der höhere Schläge, die er an beliebigen Löchern „nehmen" kann

BLINDES LOCH: Spielbahn, bei dem das Einspiel dadurch interessanter wird, dass das Green nicht zu sehen ist. Nicht zu verwechseln mit dem (blinden) Golfer, der die Puttlinie nicht lesen kann

BOGEY: Lochergebnis eins über Par

BRIDGE: Eine dem gleichnamigen Kartenspiel ähnliche Spielvariante, bei der vor den Löchern „geboten" wird

BRUTTO-SCORE: nennt man die Gesamtzahl aller Schläge über 18 Löcher

BUNKER: Sandhindernis, welches sich bei bestimmten Spielformen (Sandie, Up-and-down) anzuspielen lohnt

CADDIE: Der Caddie trägt die Golftasche und sollte bei der Auswahl der Schläger behilflich sein können

CALL BET: Zusatzwette, die auf „Zuruf" spontan angeboten wird (z.B. Thirtytwo)

CARRY: Die vom Ball zurückgelegte Flugstrecke vom Schlagpunkt zum (ersten) Aufschlag auf die Erde; kann sehr kurz ausfallen (siehe Luftschläge)

CARRYOVER: Vortrag von Resultaten eines Loches auf das nächste

CHICKEN: Ist die Bezeichnung zu seinem eigenen zu kurz gelassenen (feigen) Putt

CHIP: Kurzer Schlag auf das Grün (mit wenig „run"); siehe auch Pitch

CLAIM: Anspruch auf Lochgewinn, wenn der Gegner sich regelwidrig verhalten hat

COFFEE BALL: Letzter eingelochter Ball nach neun oder 18 Löchern. Er zahlt den Kaffee

CONTRA: Spielform mit Verdoppelungsmöglichkeiten

DAYTONA: siehe Texas

DIMPLE: Dimples sind die Vertiefungen auf der Außenschale des Balles

DIVOT: Ist ein durch einen Schlag herausgerissenes Rasenstück, das wieder an die ursprüngliche Stelle zurückgelegt werden muss

DO IT AGAIN: Mach's noch einmal, Sam . . .

DOGLEG: wird ein Fairway genannt, das einen Knick nach rechts oder links macht

DORMY (DORMEY, DORMIE): Bezeichnung des Spielstands, wenn ein Spieler (eine Seite) mit so vielen Punkten führt wie auf den restlichen Löchern bestenfalls noch vom Gegner aufgeholt werden können

DOUBLE: siehe Contra

DOUBLE BOGEY: Zwei über Par bei einem Loch

DOWN: Ist im Lochspiel die Zahl der Löcher , die ein Spieler hinter seinem Gegner zurückliegt.

DRINK: Eine der beliebtesten Wetteinheiten

DRIVE: Abschlag, meistens als längster Schlag geplant, häufig von Ausrufen des Jammers und Entsetzens begleitet

DRIVER: Holz 1

DRIVING IRON: Eisen 1, von Spielern wie Lee Trevino auch als Blitzableiter benützt mit der Begründung „not even God can hit a 1-iron"

DROPPEN: Nach den Golfregeln das Fallenlassen des Balles in Schulterhöhe mit ausgestrecktem Arm, z. B. bei unspielbarem Ball (in diesem Fall mit Strafschlag)

DSCHUNGEL: Tiefes Rough

DUFF: Schlag, bei dem der Ball berührt, aber entgegen der zuvor gefassten und an der Ausholbewegung erkennbaren Absicht des Spielers nur wenige Distanzeinheiten (Meter oder Zentimeter) befördert wird. Kommt sogar beim Putten vor

EAGLE: ist ein mit zwei Schlägen unter Par gespieltes Loch

ECLECTIC: Wettspiel über mehrere Runden, bei dem jeweils nur die besten Löcher/Runden zählen

EHRE: Der Spieler, der als erster abschlägt, hat die Ehre. Am ersten Abschlag hat der Spieler mit dem besten Handicap die Ehre. Auf allen nachfolgenden Abschlägen hat der Spieler die Ehre, der das letzte Loch am besten gespielt hat (Brutto-Wertung) bzw. bei einem Lochwettspiel das Loch gewonnen hat

EINHEIT: Wetteinheit, Einsatz, Stake

ETIKETTE: Institutionalisierte golferische Umgangsform, wie alle ungeschriebenen Gesetze im Aussterben begriffen

EVEN: Gleichstand in einem Wettspiel

EXPLOSIONSSCHLAG: Bunkerschlag mit „viel Sand" (der Berg kreißt und gebiert eine Maus)

EXTRAPUNKTE: Zusätzliche Wetten, side bets, side games, call bet

FADE: Schlag mit Flugkurve von links nach rechts

FAIRWAY: (Absichtlich und sichtlich) kurzgeschnittene Fläche einer Spielbahn zwischen Abschlag und Green

FAIRWAYS AND GREENS: Spielform mit besonderer Belohnung gerader und langer Schläge

FLIGHT: Gruppe von Spielern:

  Zweier-Flight

  Dreier-Flight

  Vierer-Flight, siehe auch

  Twosome

  Threesome

  Foursome

  Gangsome

  Gruesome

  Quarrelsome

FORE!: Allgemein gebräuchlicher Warnschrei, der ausgestoßen werden sollte, bevor man mit seinem Ball die Spieler vor einem trifft. Fore ist auch ebenso beliebt wie abgeschmackt als Einleitung von Reden bei Siegerehrungen

FOURBALL: Vierball, s. dort, s. a. „Foursome"

FOURSOME: 1. Flight, der aus vier Spielern besteht. 2. Mannschaftsspiel, bei dem die Mannschaft aus zwei Spielern besteht. Siehe auch „Vierer", „klassischer Vierer"

FRONT NINE: Löcher 1 bis 9 eines 18-Loch-Platzes

GAMBLERS: Leser dieses Buches

GAME: Spiel, meist Zockerspiel

GANGSOME: Etikettewidriger Flight, der aus mehr als vier Spielern besteht. Wenn vier Bälle im Spiel sind, geht es gerade noch

GIMME: „Geschenkter" Putt, der zwar zählt, aber nicht mehr ausgeführt werden muss

GLASSY: Bezeichnung eines harten und schnellen Greens

GOLDFINGER: Gegensatz von Bond, vulgo auch glücklicher Zocker

GOLF, GOFF, GOUFF, GOWFF: Vier Bezeichnungen für ein und dieselbe Sache

GOLFARCHITEKT: Verantwortlich für die Tücken eines Platzes

GOLFWITWE: Alleinerzieherin von Golf(halb)waisen; nicht mit „grüner Witwe" zu verwechseln

GOLFWITWER: Selten, seit einigen Jahren aber häufiger anzutreffen

GOOFER: Nicht mehr gebräuchliche Bezeichnung für Golfer

GOOFY: Gehört nicht hierher

GRAIN: Wuchsrichtung des Grases (nicht zu hören, meist auch schlecht zu sehen)

GREEN: Ort der Verheißung

GREENIE: (Extra-)Punkt für Greentreff in regulärer Schlagzahl

GREENFEE: heißt die Benutzungsgebühr für einen Golfplatz

GREENSOME: ist die englische Bezeichnung für einen „Vierer" mit Auswahldrive

HACKER: Bohrer, Duffer u. v. a.

HALBIEREN: Teilen eines Loches (Punkten) bei gleichen Ergebnissen

HANDICAP: Vorgabe, mitunter auch Bezeichnung des Ehepartners (My handicap is my wife/husband)

HIGH: Andere Bezeichnung für Bestball; Gegenteil: Low

HOLE-IN-ONE: As (seltene und meist teure Art, ein Loch zu gewinnen)

HONEY POT: Honigtopf, Wettgewinn, der an den Sieger bzw. die Erstplatzierten ausgeschüttet wird

HOOK: Flugbahn von rechts nach links

HUNDERT: Nur drei von zehn „brechen" sie; also: üben

IN: 1. Im Loch; 2. Löcher 10 bis 18

IMPACT: Anstoß; Treffmoment

IRIS: (Extra-)Punkt bei Par-3-Löchern, auch Ursula, Ouslem

KANINCHEN: Wettspiel, bei dem Kaninchen aus dem Hut gezaubert werden müssen

KICKER: Wettspiel, bei dem Schläge wiederholt werden dürfen

KILLING SNAKES: Längere Serie vergeblicher Schläge im „Dschungel" (siehe dort)

KOPENHAGENER: Wettspiel zu dritt, bei dem pro Loch sechs Punkte vergeben werden

LEADER BORD: Ist die Anzeigetafel, auf der bei einem Turnier die Ergebnisse der Spieler für das Publikum zu sehen sind. Bei großen Tunieren werden die Ergebnisse pro Spieler sofort nach Abschluss eines Loches angegeben. Bei kleineren Clubturnieren erst nach Abgabe der Scorekarten

LIE: Lage des Balles oder Winkel zwischen Schlägerblatt und Schaft

LINKMAN: Poetisches Wort für Golfer

LIP: Lochkante, die vom Ball oft nur beim Vorbeirollen „geküsst" wird

LONGEST DRIVE: Der längste Abschlag (Drive) eines Spielers an einem Loch. In der Regel gibt es auf einem Turnier an speziell festgelegten Löchern eine Sonderwertung für den „longest drive". In diesem Fall stehen auf dem Fairway gesteckte Tafeln oder Fähnchen, mit denen immer der aktuell längste Abschlag auf dem Platz markiert wird. Der Spieler trägt auf der Tafel oder dem Fähnchen seinen Namen ein. Am Ende des Turniers steht der Spieler mit dem längsten Abschlag (longest drive) fest.

LONG HOLES: Wettspielart, Lochwettspielvariante

LOW MAN: Niedrigster Spieler, nicht nach der Körpergröße, sondern nach der Höhe des Handicaps

MASHIE: Klassischer Schläger (Eisen 5/6)

MASHIE NIBLICK: Klassischer Allroundschläger (etwa Eisen 7)

MATCH: ist die englische Bezeichnung für ein Lochspiel

MATCHPLAY: Wettspiel um Löcher

McKELLAR ANDREW: Begeisterter Golfer, dem das Essen auf den Platz gebracht werden musste, weil er Tag und Nacht (mit Laternen) spielte; starb 1813 (selbstverständlich auf dem Platz)

MEDAL PLAY: Zählwettspiel

METALLHÖLZER: Widerspruch in sich, auch „Pittsburgh Persimmon"

MIXED FOURSOME: Dame und Herr in einer Mannschaft, unter gewissen Bedingungen auch genannt Gruesome, Quarrelsome oder Scheidungsvierer

MULLIGAN: Zweiter Versuch, den ersten Abschlag ins Spiel zu bringen (in Freundschaftspartien häufig)

NASSAU: Wettspiel-(Grund-)Form, bei der um die ersten 9, die zweiten 9 und das gesamte Match gespielt wird

NASSAU SCHARF: 1, 2, 4 Einheiten für die Out, In und 18

NEAREST TO THE PIN: Der zur Fahne am nächsten gelegene Abschlag eines Spielers an einem Loch. In der Regel gibt es bei einem Turnier auf speziell festgelegten Löchern eine Sonderwertung für den „nearest to the pin". In diesem Fall liegt am Grünrand zumeist ein Metermaß, mit dem der Abstand des Balls zum Loch abgemessen werden kann. Auf einer Tafel oder einem Fähnchen wird immer der aktuell präziseste Abschlag auf das Grün notiert. Die Tafel oder das Fähnchen dürfen nicht auf das Grün gesteckt werden, sondern stehen immer nur am Grünrand. am Ende des Turniers steht der Spieler mit dem kürzesten Abstand seines Abschlags zum Loch fest.

NETTO (NETTO-SCORE): Schlagzahl nach Abzug der Vorgabe

NEUNZEHNTES LOCH: Ort der Selbstfindung

NEVER UP NEVER IN: Häufig gebrauchte Floskel, wenn ein Putt vor dem Loch „nach unten" bricht

NIBLICK: Klassischer Schläger (etwa Eisen 8–10)

NO RETURN: Keine Rückkehr. Wenn ein Spieler das Turnier nicht beendet, nicht zurückkommt, um die Scorekarte ordnungsgemäß auszufüllen. Eine unvollständig ausgefüllte Zählkarte oder der Abbruch eines Turniers von einem Congu-Spieler (vgl. CONGU) führt zur Heraufsetzung der Stammvorgabe.

NORFOLK JACKET: Ursprünglich ein Sakko für die Jagd, später für Golf umfunktioniert und in Kombination mit Knickerbockers erste „Golfkleidung"

ON THE PERCH: Dreiballspiel (siehe Auf der Schaukel)

ONE UP: Eins auf: Führung mit einem Punkt, einem Loch oder einem Schlag

OUSLEM: (Extra-)Punkt an Par-3-Löchern

OPEN: 1. Turnier; 2. Ohne Handicap („Spielen wir offen?")

OUT: Löcher 1-9

OUT OF BOUNDS: Außerhalb des Platzes

PAR: Idealanzahl von Schlägen pro Loch (pro Platz). Diese Zahl legt fest, wie viel Schläge ein Scratch-Spieler benötigt, um den Ball vom Abschlag ins Loch zu befördern. Das Par des Loches ergibt sich ausschließlich aus der Länge des Loches. Das Par des gesamten Platzes ergibt sich aus der Summe der Pars aller Löcher.

Richtzahlen: Bis zu 250 yards Par 3

Zwischen 251 und 475 yards Par 4

Länger als 476 yards Par 5

PARTNER: 1. Handicap (siehe dort) 2. Mitspieler in derselben Mannschaft oder „Seite"

PITCH: Kurzer Schlag auf das Green (meist mit etwas mehr „run" als ein Chip)

PLAY AWAY: Aufforderung der Starter auf schottischen Golfplätzen, vom (ersten) Tee abzuschlagen

PLAY OFF: Stechen bei Gleichstand (kann über 9 oder 18 Löcher gehen oder nur bis zum „Sudden death", siehe dort)

PRESS: Verlangen des zurückliegenden Gegners, noch ein zusätzliches Spiel laufen zu lassen

PROAM: ist ein Teamwettspiel, bei dem ein Professional mit Einem oder bis zu drei Amateuren zusammenspielt.

PSYCHE: Schwächster Körperteil des Golfers

PUNKT: Für den Wettspieler das tägliche Brot (oder die Wurst, um die es geht)

PULL: Ball mit gerader Flugbahn, der links vom Ziel landet.

PUSH: Das Gegenteil (Gegenstück???) zu Pull.

PUTT: Golfschlag, der in der Absicht ausgeführt wird, den Ball ins Loch rollen zu lassen. Für viele Golfer ein Ärgernis, weil ein 2,5 Zentimeter kurzer Putt genau so viel zählt wie ein 250 Meter langer Drive

PUTTING GREEN: ist ein Übungsgreen mit mehreren Löchern und dient zum Training des Puttens.

QUITTING: ist der englische Ausdruck für „aufgeben".

RABBIT: 1. Wettspielform (siehe Kaninchen) 2. Ängstlicher und vorsichtiger Spieler, Gegensatz: Tiger

ROUND ROBIN: Wettspielform für größere Gruppen, bei der jeder gegen jeden zu spielen hat

ROUGH: Siehe Dschungel, Kakao, Gemüse, Kraut, Prärie, Shit u. v. a.

SANDY ANDY: Par mit (oder trotz) Bunkerschlag

SCHLECHTESTBALL: Besondere Wertung für die Seite, die ihn nicht hat

SCHNECKENFLIGHT: Langsam spielende Gruppe, die andere (etikettewidrig) aufhält, auch Sanatoriumsflight genannt

SCLAFF: Schottische Bezeichnung eines den „Duff" noch übertreffenden Fehlschlages, bei dem zuerst der Boden, dann der Ball getroffen wird

SCORE: Anzahl von Schlägen, Ergebnis

SCRAMBLER: Golfer, der seine Mitspieler dadurch ärgert, dass er mit mäßigem Spiel einen überraschend guten Score „zusammenkratzt", obwohl diese mit wundervollen Schlägen nur mäßig scoren

SCRAMBLER'S DELIGHT: Siehe Up and Down

SCRATCH: Golfer, der ohne Handicap antritt

SECHS-SECHS-SECHS: Unterteilung der 18 Löcher in drei Wettabschnitte (u. U. mit unterschiedlicher Spielform bzw. Spielformation)

SEITE: Team (bestehend aus zwei Spielern), Side

SHOT!: Anerkennender Ausruf eines Mitspielers zur Kommentierung eines Golfschlages; von Caddies auch als Aufforderung zum Trinkgeld verwendet

SINGLE: Spiel zwischen zwei Spielern, Twosome

SINGLEHANDICAP: Hcp. 1 bis 9

SITT: An den zum Green fliegenden oder zum Loch rollenden Ball gerichtete Aufforderung, wird meist mehrmals hintereinander und mit panischer Modulation ausgestoßen

SKINS: Wettspielvarianten, bei denen nur der (nicht mit anderen geteilte) Bestball punktet

SLICE: Schlag mit einer von links nach rechts verlaufenden Flugkurve

SOCKET: (Unerklärlicher) Fehlschlag, vergleichbar dem Yip beim Putten; es gilt als unfein, das Wort Socket (oder Yip) während einer Runde zu erwähnen (auch wenn dazu Anlass besteht)

SPOON: Holz 3

SQUARE (ALL SQUARE): Gleichstand (Punkte, Schläge, Löcher)

STABLEFORD: Dr. Frank Stableford 1870–1959, Erfinder der Stableford-Punkte-Wertung: Ein Schlag über (Netto-)Par gibt einen Punkt, (Netto-)Par gibt zwei Punkte, Birdie gibt drei Punkte, jeweils pro Loch; schlechtere Lochresultate geben null Punkte

STAKE: (Wett-)Einheit

STREICHRESULTATE: Sind gestrichene Löcher im Stableford-Wettspiel da ab einer bestimmten Schlagzahl keine Punkte mehr erreicht werden können, wird der Ball aufgehoben.

STROKEINDEX: Ist die englische Bezeichnung für Vorgabenverteilerschlüssel.

SUDDEN DEATH: Play off, entscheidendes Stechen bei Gleichstand, gespielt wird so lange, bis einer ein Loch gewinnt

SUNNINGDALE: Wettspiel ohne Berücksichtigung der Vorgabe: Wer zurückliegt, erhält Schläge „vor"

SVS: Abkürzung für Standard- und Vorgabensystem.

SWSO: Abkürzung für Spiel- und Wettspielordnung. Die SWSO wird vom Deutschen Golf Verband e.V. vorgegeben und ist für Mitglieder des DGV verbindlich.

TEAM: Mannschaft, die (meist) aus zwei Spielern besteht.

TEE: bezeichnet zum einen den Abschlag, zum anderen die Holzspitze, auf die der Ball beim Abschlag gelegt wird.

TEXAS: Wettspiel um Punkte

TEXAS PRESS: Letzter Versuch, ein verlorenes Spiel herumzureißen, s.a. Double or Nothing

TEXAS WEDGE: Bezeichnung eines Putters, wenn er im Bunker verwendet wird

THREEBALL: Dreier-Flight

THREESOME: Zwei spielen im Dreier-Flight gegen einen

TIE: Gleichstand in Punkten, Schlägen oder Löchern

TIGER: Spektakulärer und kühner Spieler

TRIPLE-BOGEY: Ein Schlag, bei dem mit drei Schlägen über Par nicht mehr allzu große Freude aufkommt. Man benötigt z.B. für ein Par-5-Loch als Scratchspieler acht Schläge.

TWO BESTBALLS OF THE FOURSOME: Für größere Gruppen (mehr als vier) geeignete Spielform

TWOSOME: Siehe Single

UP: Auf, bezeichnet den Vorsprung in einem Wettspiel („Eins auf", „zwei auf" usw.)

UP AND DOWN: Perverses Spiel, bei dem nur punktet, wer das Green nicht regulär trifft

VENTURE PRESS: Führt zu gerechter Risikoverteilung beim Pressen im Team

WERNERSTEIN, ISAAC: Sagenumwobener Wettspieler, der jahrelang sein Unwesen getrieben hat und – wenn er nicht gestorben ist – es auch heute noch tut

WETTER: Golfer nach Lektüre dieses Buches

WHISKY (WHISKEY) GOLF: Verpönte Wettspielart, bei der während der Runde alkoholische Getränke konsumiert werden (müssen)

WODEHOUSE, P. G.: Katechet unter den Golfliteraten

YIP: Seltsame und oft unheilbare Krankheit, die den Golfer daran hindert, gerade aufs Loch zu putten. Auch Weltklassespieler werden von ihr nicht verschont

ZOCKER: Golfer, die jetzt gleich wieder bei Seite eins zu lesen beginnen.